你就是下一个超级IP

成为内容网红的实操秘笈

方宇锋／主编

文汇出版社

你就是下一个超级IP

目录

001 方宇锋
网红经济的前生今世

031 茱小丽叶
从0到1，如何打造个人IP

065 何员外
短视频IP的崛起

095 谢泷钢
利用直播时代红利打造IP

131 晏涛
IP的电商模式

163 刘为龙
MCN公司助力打造网红IP

第一篇

网红经济的前生今世

方宇锋

网红内容 IP 领域专家及投资人，知名创业私董会教练。

红檬网红达人联盟会长，蓝豹投资、创投家私董会创始合伙人；中国留学人员创业协会上海分会会长，上海 MBA 校友联合会（SHMBA）创投联盟秘书长。美国普渡大学工商管理硕士。曾任职东软集团和英孚教育执行总监。

他曾创办美国 Chasette 孵化器和千寻网，2010 年至今培育和投资了数十家早期企业，包括十几个内容 IP 项目，具有丰富的创业管理和投资经验。2013 年至今有超过百场创业私董会经验，为诸多创业企业、内容创业者提供教练指导。2016 年成立以投资孵化内容网红 IP 为核心的红檬网红达人联盟，建立网红产业社群，服务于众多内容创业者和网红产业链企业。

1. 网红的前生今世

1.1 网红发展历程

网红是指在现实或者网络生活中因为某个事件、热点被网民关注从而走红的人。他们或因颜值高而备受关注，或在某一细分领域引领潮流而广为追随，成为社交平台（如微博）中的活跃力量。直播的火热推进了网红产业的快速升级，经由了颜值为王的 1.0 时代与内容为王的 2.0 时代，网红已进阶到了个性为王的 3.0 时代。

目前的时尚类网红多以颜值和内容来吸引流量，但网红经济的火热促使网红数量不断增加，走颜值路线的网红、同质化的内容让网红这个热门职业快速变成一片红海。那么，网红应该如何打造差异化的 IP，在保持粉丝粘性与关注度的前提下提高变现能力呢？个性化成为制胜点！

将网红进一步"人格化"，通过网红独特的个人调性和持续的内容输出，吸引新流量与增加原有粉丝的粘性，以期解决这一难题。不难预见，未来以个性为特征的内容网红将从同质化网红中脱颖而出，并创造出很高的商业价值！

1.2 网红经济，为什么这样红？

2016 年被称为网红经济元年，各领域网红如雨后春笋般"冒"出来，各种人才纷纷投身网红产业以求施展。那么，为什么网红经济可以如此迅速地"野蛮生长"起来呢？

1.2.1 消费形态经由从理性到感性的转变

1）020 模式大热：2014-2015 年，线上到线下的新模式让一大批网络用户养成了使用移动互联网的消费习惯。线上展示、挑选与支付与线下门店的交易相比，节省了大量的实体成本，大大提升了用户消费的方便性。

2）个性时代来临：随着圈层文化的到来，大众偶像和传统消费品牌

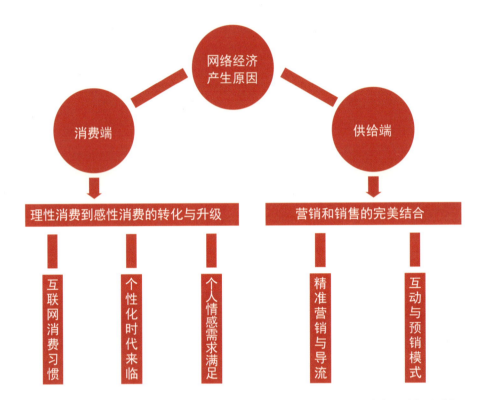

的影响力渐渐被稀释。人们不再只关注着王力宏们、范冰冰们，转而看起了直播，关注起了各类名人博主；不再只认准香奈儿、LV，开始关注国内外小众个性原创品牌。主张独特的个性化时代已经来临，用户不再满足于千篇一律的产品。在这个即便买了 iPhone 也要买上十几个不同手机壳换着用的时代，个性化需求正在不断被认同与满足。

3）个人情感需求增长： 在互联网环境下成长的 90 后年轻群体，相对优越的物质与精神条件不仅让他们具有一定的消费实力，同时也促使他们在消费时，更注重个人情感需求的满足。

当这三类条件得到转化与满足，清晰地体现了大众的消费观念已经逐渐发生改变。越来越多的人不再只追求理性消费而转向感性消费，普适性、高度复制的纯流水线产品已经不再刺激用户的消费欲望，网红与用户的社交互动所引导的感性消费，才能让用户有强烈意愿去买单并支付更高的价格，从而提升产品的利润。

1.2.2 供给端营销与销售完美结合

再从供给端进行分析，供给端的营销与销售都完成了优化，并且进行了完美的结合，以网红电商模式为例：

1）精准营销需求：流量红利期逐渐过去，一天能涨好几千粉、聚拢上万人的线上流量"好时代"已经过去，中小卖家需要获取流量的成本不断增高。而网红本身已经聚拢了大量的流量，对于客户（或者说粉丝）的精准营销和导流作用完美地解决了这一痛点。

2）互动与预销模式：网红电商异于传统电商的特点在于，网红可以向粉丝直接获取反馈和建议，根据粉丝的喜好与需求来判断产品的设计和生产。就像网红淘宝卖家在新品投入生产前将样品公开，用粉丝投票的方式决定生产的款式与数量。甚至许多网红电商会在销售前进行预售，有效地降低了产品库存。

在网红社交互动的流量风口，消费端和供给端的共同发展，形成了网红经济的红火局面。

1.3 商业模式

以服装销售模式为例来分析，传统的商业模式也有线上销售这一环节，但进行线上销售的卖家同时也是服装产品供应商的买家，他们从供应商手中批发产品时的焦点在于寻找合适的货源。他们只能从供应商已生产的产品中进行挑选，无法深入到产品线前期的市场调查。

而网红模式同样需要生产产品，但由于网红与粉丝的高互动性与低距离感，网红通常可以直接获取粉丝对样衣的评价，从而对产品进行调整，根据不同产品的反馈安排不同的生产数量，实现了"反向供应链"的成本、库存、产品等多方面优势，形成了选款能力强（时尚度高，市场反应快）、测款成本低（库存低，利润高）、推广成本低（自有流量，不依赖活动，且粉丝忠诚度高）等网红经济商业模式的重要竞争力。

2. 网红产业链

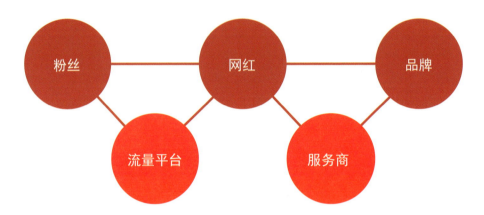

综合：微博、微信、淘宝、京东 **网红孵化器**：如涵、缇苏
垂直：小红书、美丽说、快美妆 **网红经纪**：内容策划、IP打造
移动直播：秀场、游戏、社交   **商家服务**：营销策划、公关
短视频：秒拍、美拍、优土   **资源整合**：联盟、培训、投资

2.1 网红经济概览

网红经济产业链包括上游社交流量平台、中游网红内容和下游网红变现渠道。

网红经济的快速发展，促使网红经济产业链也不断完善，网红产业业态也随之迅速成熟，目前可分为：

上游流量：主要包括微博、微信、头条、映客、秒拍、喜马拉雅、千聊等社交流量平台；

中游内容：主要包括网红孵化、网红经纪等网红打造和传播服务平台；

下游变现：主要包括电商、网红供应链企业、广告代言等流量变现模式。

上游流量：主要包括微博、微信、头条、映客、秒拍、喜马拉雅、千聊等社交流量平台

中游内容：主要包括网红孵化、网红经纪等网红打造和传播服务平台

下游变现：主要包括电商、网红供应链企业、广告代言等流量变现模式

2.2 产业链上游：社交平台

网红的主要流量都来自于产业链上游的社交平台，网红通过社交平台树立形象、输出内容与价值观以吸引流量，获取粉丝。不同社交平台上聚拢的流量不同，但社交平台越大，它的各类资源也就越多，在产业内的话语权也越重。

1）综合社交平台

说到网红社交类的电商平台，微博与微信依旧是孵化网红最多的平台。微博的高开放性、高互动性和弱关联性使得众多微博大 V 在聚拢了流量后纷纷开店，卖服装、卖食品、卖化妆品，通过微博进行产品的宣传与流量的导流；而早已兴盛的微商则更不用多说。

2）垂直社交平台

诸如早期大火的美丽说、蘑菇街等，不同于微博微信的内容广泛，它们更聚焦在细分领域，面向的用户都对某一细分领域感兴趣，从而建立起社交关系。这样的社交属性比较单一和固化，但深扎某一领域的模式也使得它们的内容更加专业，相对来说吸引目标粉丝的能力更强。但与微信和微博这样大流量社交平台相比，它们存在短期内吸引大量粉丝并产生较强粘性的劣势。

3）跨境电商社交平台

包括小红书、洋码头，实际上也是一种围绕商品消费形成购买经验分享的社交平台，但因涉猎跨境商品电商，而区别于其他垂直社交平台。

4）直播和短视频

直播和短视频平台是 2017 年最为火热的移动社交平台。特别是短视频传播量的爆发加上秒拍、头条等平台对短视频的重金投入，让网红们获得一个新的大流量入口。

5）社交需求引发多元应用场景

移动互联网发展极快，社交平台百花齐放。

社交需求不同于细分行业的固定需求，社交需求广泛地存在于生活的各个领域，衣食住行都涵盖其中，因此各类型的社交平台会针对不同的场景与用户群体进行开发，包括的类型有：社区类、即时通讯类、娱乐类、匿名类、婚恋类、微博／博客类以及职场类。不同场景下的应用与迭代，会不断推进着社交平台的完善。

社交媒体已从满足人们最初的便利沟通的简单需求，进而发展到能够展示自己的生活与了解他人的生活、获取更多知识与技巧等等。而这些需求被满足，也就促使着越来越多的社交平台打破单一模式，走向更加丰富多元的使用场景，开发新功能以吸引用户。

2.3 产业链中游：网红打造和传播服务平台

网红和内容的主要供给方是各类网红孵化器和网红经纪，他们作为运营商的角色是网红产业的中游。目前比较领先的网红孵化公司包括如涵、缇苏，专门做网红培训和经纪的机构也快速发展。

当初，淘宝网催生了新兴"网拍模特"职业，漂亮的面孔、窈窕的身材、时尚的穿搭……网拍模特展现在公众面前的是时尚、靓丽形象，以及优秀的服装搭配、审美能力。这些妹子的颜值与独特的穿着品味逐渐吸引了大量粉丝，追随她们的日常穿搭。如涵、缇苏原来都起源于淘品牌，他们会挑选具有一定量级粉丝（10万以上）、具有审美输出能力、某种调性特质突出的人，为他们提供营销内容策划、内容制作、形象打造、设计师支持等专业服务，不断吸引粉丝以成为可变现的网红。因此这些公司也在最早积累了发掘、打造网红的经验。而网红电商的变现也不止于此，从最开始的服饰，转而走向了化妆品、首饰、奢侈品、旅游、休闲食品、保健产品等多行业的网红代言和电商销售。

网红大热不仅给网红孵化、网红经纪带来春天，也让专业网红产业服务机构水涨船高。红檬网红达人联盟起步较早，建立以研究网红经济为主题的学习型社群，输出与网红行业相关的内容，通过网红总裁班的专业知识输出，聚拢、培养着网红行业的各类人才。网红的培养打造已经开始细分到影视领域，通过影视方式包装网红。不难预计，未来将会有越来越多的类似演艺培训学院的公司兴起，为网红产业提供更多优质的、多面的网红资源。

2.4 产业链下游：各变现渠道及模式

下游是网红变现渠道。目前可验证的、商业化较好的网红变现方式是电商、广告、打赏与演艺。

电商网红主要通过电商变现。比较有代表性的公司和平台包括如涵、缇苏、美丽说、蘑菇街、小红书、洋码头等。

内容类网红主要通过广告变现，例如冷笑话精选、二更、微博大V等。这些内容类网红的受众粉丝无论从喜好、观念、调性等方面都有一定差别，很难开发出对粉丝有针对性与高需求性的产品，因此广告是他们最好的变现方式。

直播类公司主要通过打赏进行变现，直播类网红与粉丝进行实时互动，通过表演、聊天等手段，吸引粉丝停留观看，通过互动来鼓励粉丝赠送虚拟礼物以变现。具有直播能力的网红，往往拥有较高的颜值、沟通能力或才艺，未来可能通过影视、综艺方式进行变现。

2.5 网红经纪公司如何打造电商网红

以如涵为例，如涵起源于淘品牌"莉贝琳"，以销售女装发家，在2014年正式转型网红经纪公司。2011年公司创始人、CEO冯敏创办了淘品牌"莉贝琳"，从事"莉贝琳"品牌女装的设计、制作、销售，凭借较高的质量与口碑在两年内达到近亿元的销售额，名列淘宝销售前十位。2014年品牌销售业绩增长速度放缓，与原瑞丽模张大奕签约并为她量身打造独立的品牌，逐渐退出淘宝品牌的运营，转而开启网红经纪运营业务。

与独自在社交平台上"野蛮生长"的网红相比，经由经纪公司或孵化机构打造的网红往往能在引导下避免很多岔道与弯路。而经纪公司与孵化机构也最了解如何打造一个网红，他们往往更加注重网红IP的内容生产能力，多行业的拓展能力，同时提供网红打造的专业服务团队。

1）与网红经济刚刚爆发时不同，现在经纪孵化公司在与网红签约所列举的条件中，已不再只要求有高颜值，而更看重专业内容的生产输出能力。

2）经纪孵化公司签约行业逐渐展现多样性，除了早已百花齐放的服装行业，也开始考虑化妆品、首饰、奢侈品、旅游、休闲食品、保健产品等与网红形象相符合的快消品行业。

3）经纪孵化公司会为每个网红配备专业服务团队，公司统一进行策划，按照打造、设计、生产进行任务分组，对接不同类型网红的团队，不同的分组各自独立实施任务，协同工作。

2.6 服装电商网红的打造

以服装产业为例，服装质量直接关系到了网红口碑的好坏，一旦产品质量不达标或对粉丝的利益造成了损害，粉丝对于网红的好感会很快消失。

因此网红经纪公司需要对服装产业链有一定的了解与深入

1）产品的款式做到新旧模式的结合，设计上不能过时也不能过于标新立异。公司往往会确定基本的款式，再由网红与设计团队的审美改造。号称"网红设计"的服装往往并非网红操刀设计，而只是在最终确定设计前经由网红进行了小改动。目前大部分网红服装品牌都以模仿为主，经纪公司配备专业的设计团队，对流行款式进行二次设计后投入生产。相对大牌的流行款式搭配中端价格，以高性价比的优势抢占市场。

2）经纪公司需要根据市场效果，对产品的生产进行调整，怎样的款式更吸引粉丝的注意，哪种款式得到的反馈最好期待值最高，这些都需要与粉丝的反应速度进行平衡。除了与粉丝的直接互动以获取反馈外，公司还可以根据网红产品的历史销量来判断产品首次生产投入的数量，提前一季进行规模生产，在首次上新后根据粉丝购买时间、评论数量、喜好程度来决定款式是否需要进行后续的补单。

3）上述两者之外，特殊品类例如牛仔、羽绒、皮革等品类，对于供货渠道和产品设计、产品制作生产都有较高的要求，大多公司选择外包。

网红品牌产品走过了前期设计与生产，在后期线上销售环节需要与社交平台进行合作，提供专业的代运营服务，以降低不良库存率，在此我们以微博为例：

1）产品线上店铺以淘宝店为主，大部分网红品牌都加入微博橱窗，有效减少推广成本。

2）提供专业的代运营服务，包括但不限于网红店铺经营、ERP 管理、产品上新等方面，为网红店铺提供专业服务支持。

3）产品上新后，网红需要与粉丝进行实时沟通，关注粉丝对于上新产品的各类反馈，根据粉丝评论反馈来决定是否后续补单。

4）根据统计，我们得到传统服装品牌的不良库存率约为 15%-18%，如涵电商全年的不良库存率则为 2%-3% 的结果，因此综上所提出的预售、反馈等销售手段都能有效地降低不良库存率。

2.7 网红分销

不同于一般商家的 B2B、B2C 模式，微博的达人通开创了 B2C2C 的新模式。

这个新模式类似于微商的代理机制，商家使用达人通在微卖上开店，提供产品与商品的具体信息，微博上有兴趣进行信息扩散与销售的用户可注册微卖成为"导购达人"，认领对应商品的销售任务，将销售产品的信息通过自己的社交账号扩散并销售。

"达人"不需要承担产品的设计、生产和囤积成本，只需要通过自己的社交关系链进行销售，每完成一笔产品的销售都可从商家处获得提成。

这种新兴的模式大大规避了 C 端销售人员的风险，打破了囤货模式，节省了囤货的成本，规避了货物滞留的风险。而对于产品的商家来说，这样的模式完成了更广阔的销售覆盖，提供了更高效的社交电商方案。

2.8 微博橱窗

我们可以设想一个场景，当我们在微博中看到一双鞋子的图片，觉得很漂亮进而产生了购买欲望。我们点进链接才能看到这双鞋子的更多图片和信息，而当我们看到了不同角度的图片后才发现这双鞋只有在那张微博图片的样子才是好看的，其他小细节实在过时，或者价格实在不能接受，感觉被骗了，于是愤愤地关上淘宝，再打开微博继续刷。是不是听起来这个场景就很麻烦很让人讨厌？

微博橱窗作为淘宝与微博之间的连接，解决了这个场景中产品信息阅览时的跨平台动作。

用户可以直接在微博上看到感兴趣产品的细节图片和信息，而不需要点击链接进入淘宝页面，解决了用户在微博上了解产品细节的问题，提高客户体验。

而对于淘宝店铺来说，开通微博橱窗无疑在淘宝店铺外的其他社交平台开拓了分销渠道，成功提升交易的成功率。

可以预见，商家今后不仅使用达人通拥有更多的"代理"，也可以以"达人"身份通过微博发布推荐商品，罗列商品的具体信息与库存情况。而那些"达人"也可以在微博进行产品的推广，增加推广渠道。

如涵旗下的网红已经全部加入微博橱窗，这可看做是微博迈向社交资源变现模式的第一步尝试。而由于如涵这样的网红经纪行业领袖公司的大量使用，微博橱窗已经开始流行起来，不难预计未来微博上以进行电商交易与转化的大 V、其他未加入微博橱窗的大电商店铺都将加入这个行列。

3. 网红经济生态圈

3.1 网红经济生态圈的形成

网红经济不断发展、升级，网红经济的生态圈也逐渐形成，而它的形成是一个经过多次探索升级的过程，让我们从更高的维度来看。

包括综合类平台（微博、微信、淘宝、京东等）、垂直电商（小红书、美丽说、快美妆等）、移动直播（秀场、游戏、社交）、视频（秒拍、美拍等）等在内的流量社交平台的出现与不断发展，为网红产业的生长与爆发提供了"天然土壤"，而网红孵化、电商、经纪业务等产业的火热，也为网红产业的不断升级提供了营养的肥料。而上述这些产业该如何继续谋求发展，则需要我们从服务商的角度来深化这些业务，进行升级迭代，以期成为网红产业的下一个爆发点。

相信大家对于"百播大战"都不陌生，数百家直播软件纷进场谋求爆发，但这场没有硝烟的战争发展到如今已然进入了深水区，走过独木桥的直播软件屈指可数。而此时，短视频的风口也被迅速引爆。

无论是内容网红尝试的广告变现，还是各家社交平台都在布局的打赏变现，网红与网生内容都逐渐积累大规模快速变现的能力，资本们闻风而动，哄抢其中优质的资源。资本方对网红产业的青睐，势必推动有实力的网红和孵化公司走向 IP 化和品牌化。

有许多网红在各细分领域树立了专业形象，比方微博微信的大 V、淘宝搭配师、专业买手、头部视频内容制作等，这些网红在持续稳定地输出内容并实现流量价值。

在网红产业繁荣的今天，网红与孵化、经纪机构不断谋求前进，品牌、商家也应该加快参与到网红产业链中来的步伐，通过合适的品牌定位，以匹配合适的网红进行代言、传播或合作。同时采纳网红产业新兴的分销模式，获得商业网红的 IP 红利。

网红经济生态圈的形成

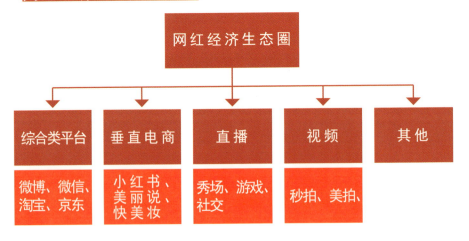

3.2 抓住 MCN 的新风口：未来网红基地

内容创业的风口火了逻辑思维、一条等头部内容生产者，做大了内容产业的蛋糕，让大量腰部内容生产者得以分食，同时也将 MCN 推为新风口。

MCN 指以专业服务能力与资源帮助内容生产者的公司，是一种多频道网络的产品形态，将 PGC 内容联合起来，在资本的有力支持下保障内容的持续输出，从而最终实现商业的稳定变现。

MCN 最为典型且成功的案例是 Maker Studios。Maker Studios 是

YouTube 平台上最大的内容制作商之一，拥有约 4 亿订阅用户，于 2014 年被迪士尼以 5 亿美元的价格收购，被认为是 MCN 内容制造商模式的巨大成功。

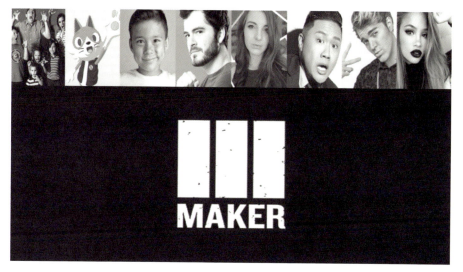

而发展到现在，中国 MCN 公司发展的速度、拥有的红人 IP 与播放量已经远远超过了美国。国内视频平台众多，竞争的激烈促使各方使用越来越激进大胆的策略，同时用大量的流量和资源配置获得更多优质的内容。而这也导致了大量传统意义上的中间环节，如经纪公司、网红公会、广告代理、宣发机构纷纷涌入这个高利润市场。于是，各种各样不同的机构带着不一样的目的、优势、模式气势汹汹而来，MCN 成为了一片混乱的战场。

除了一部分头部 PGC 之外，有相当一部分内容生产机构，他们能够创作高质量的内容，但却不了解用户的兴趣点与广告主的需求，MCN 公司将他们不具备、不擅长的这部分信息打包成服务提供给他们，提升他们内容的价值。而这样弥合信息不对称的工作，不仅对于 PGC 与 MCN 公司是双赢局面，同时也促进了内容产业的更新与迭代。

可以预见，MCN 将作为打造网红经济生态圈的一个重要角色，促进内容和红人养成的工业化，将打造网红的过程——分解成标准步骤，从最初的选拔到中期的定位、养成、打造，再到后期的流量支持、社群维护等等，形成一整套可复制的工业化流程，大大提升网红打造流程的效率，降低成本。

4. 内容 IP 变现与资本价值

4.1 内容网红 IP

4.1.1 内容网红的崛起

就如我们之前所说的，网红时代在变迁，1.0 时代最为重要的颜值放到现在并非必要，美可以红，丑未必不可。在内容网红异军突起的战场上，能稳定输出优质、独特的内容才是制胜法宝。

内容网红以自媒体为代表，大多以微信公众号、微博大 V 形式输出原创内容，吸引并沉淀流量。这些自媒体所输出的原创内容形式多样，无论是段子、漫画还是短评、视频，一般都具备或幽默或犀利或搞笑或严肃的个性化特质。

内容网红活跃的平台十分多元，不仅有"双微"（微信、微博）这两大巨头，还有各大视频平台、短视频平台、音频平台、以及经历了"百播大战"腥风血雨留存的直播平台。

4.1.2 直播内容 PGC 化

直播的火热源于秀场，大量素人主播的涌入使得 UGC 直播内容眼花缭乱。

直播催生了一批直播网红与网红经纪公司，直播网红告别了"各自为营野蛮生长"的独立作战。更多专业团队开始进入直播领域，为网红与商家打造更具特色与效果的直播内容。

　　直播的内容发展到现在，早已不限于直播间＋主播的秀场场景，已经演化出了大型的综艺直播，而直播的内容也从最初的 UGC 向 PGC 逐渐演进。

　　除了新兴的各类网生综艺，传统的广电节目也开始加入直播环节。已有的各类 PGC 节目开始应用直播，前有英雄联盟赛事直播千万关注，后有王菲演唱会全程直播，以及各类体育赛事、发布会、选秀节目、综艺的直播都进一步推进了直播内容的 PGC 化。

　　而许多被认为不适合做直播的垂直类内容制作商，比如美妆类教程与美食类教程，也在考虑打破局限，用直播作为新的内容呈现形式，加入直播内容的 PGC 阵营中。

　　"百播大战"与其衍生的一系列社会问题引起了广电的整改，直播产业内哀鸿一片，但这又不失为另一些机会的降临。直播内容开始偏向策划与 PGC 化，更多专业人才的入局必将提升直播内容的质量。

4.1.3 内容网红 IP 化和平台化

网红专业化、垂直化

如同我们在上文中说的，内容创业将从 UGC 模式逐渐向 PGC 模式转化，这个说法早在 2016 年就被提出。在新媒体逐渐成熟的过程中，用户对于内容质量和审美需求一定是在不断提升的，用户的诉求也日渐刁钻，单纯的原创内容将越来越多并有越来越大的重复率，已经无法满足用户需求。因此，内容网红团队仍会继续升级，在争夺头部内容的战斗中，出现专业化与垂直化的特征。

在此之前曾经有业内人士将美国的网红与中国网红进行对比，得出结论：美国著名网红的专业性都十分强。美国的网红大多在自己所坚持的细分领域垂直深挖，比如做美妆的只在美妆领域不断探索、做烘焙的始终钻研烘焙技巧。这样近乎偏执的坚持让我们相信，即使他们不是网红，他们也会在所从事的领域中继续坚持下去。这显然是具有借鉴意义的，国内的网红也应该朝这样的方向发展，无论在哪个平台、采用怎样的表达形式、做什么样的内容，都应该保持这样专一和专注的态度。

人格化是成为 IP 的重要标志

接下来说说人格化，在内容创业的早期，大家都强调过"缺乏人格化的媒体品牌是不成立的"，目前来说人格化的内容并不少见。这类内容的制作者能够在内容中输出鲜明观点，引起粉丝用户的共鸣以获取信任与粘性，而这一类内容网红的突出代表则是微信公众号大号——咪蒙。

但在接下来的趋势也有所变化，只具备人格化是不够的，不能向 IP 方向转变的内容创业最终都无法成功。

成功的人物画像并非唯一要素，内容创业者塑造了人物画像后，还要去开拓更深层次的引流与变现措施。

比如同道大叔通过塑造懂星座的大叔形象，在微博上聚拢了数量庞大的粉丝，再将微博和微信的知识产权与使用权逐步"公司化"。同时围绕同道大叔的 IP 与自媒体渠道，下分了 IP 与品牌管理公司和新媒体公司。

同道大叔这一 IP 不仅在社交媒体上卖广告，同时尝试开发了自己的社交 APP，推广公仔产品，甚至将尝试延伸到线下，开启了星座主题咖啡馆。同道大叔团队在引流与变现的方式上进行了多方尝试，值得大家思考与借鉴。

网红 IP 化的必然趋势

我们可以预见，在内容创业的下一个阶段，将会有大量的自媒体走向 IP 化道路，再加上我们在上文中讨论到专业内容创作团队的产生，IP 化的道路应该是非走不可了。总结为两点：

1）能真正火起来的垂直领域内容网红，要么以极高的才情吸引流量——比如贴片广告卖价 2200 万的 papi 酱；要么需要十分专业的孵化机构，作为推手带来更好的服务与资源——比如如涵当家花旦张大奕。

2）内容网红的生命周期比电商网红更短，延长内容网红生命周期需要依靠 IP 化与平台化。

才情和推手：

真正能火起来的垂直内容网红要么需要极高的才情，要么需要顶专业的推手。

IP化和平台化：

内容网红的生命周期相比电商网红更短，延长生命周期需要依靠IP化和平台化

4.2 常见的网红 IP 变现方式

4.2.1 网红经济的常见变现模式

网红经济目前主要有四种变现模式是：广告、电商、打赏和经纪培训。

广告模式

是四种模式中最直接的盈利方式，也是目前内容网红们应用最为广泛的模式。网红作为内容输出者对于内容的驾驭能力较强，制作的广告内容质量较高。同时网红聚拢了相当数量的对其内容充满认同的粉丝，对于其输出的内容共鸣强，因此网红在内容中植入或代言的效果比较好，比如写金庸的六神磊磊，粉丝们对于内容中植入的广告津津乐道，已经成为了一个评论热点话题。

目前微博大 V 微博的转发广告报价大约在 2-3 万，张大奕微博植入广告报价高达 30-40 万，也说明了网红通过广告变现是最直接最迅速的方式。

但广告的高频出现也会带来负面影响，处理不好不但容易透支粉丝对网红的信任度和认同感，甚至会引起反感。因此即便这是最为直接的变现模式，网红对它的使用还是需要比较谨慎。

电商模式

是目前国内最普遍的变现方式，因为国内存在淘宝、天猫、小红书、蘑菇街等各类型的电商平台，网红通过电商和微商的模式进行变现成为了特色方式。

网红根据自身形象特征与对粉丝人群的精准定位，匹配出合适的产品，利用内容生产与传播优势，通过营销策划将粉丝流量进行快速变现。而目前在中国市场中，服装是网红最容易变现的品类，化妆品和零食也是不错的品类。

打赏模式

大多出现在视频直播间的内容类网红，主要通过虚拟礼物的赠送以及微信打赏、会员资格购买等形式进行变现。

经纪培训模式

是随着网红产业的发展而逐渐兴起的一种变现模式，由于网红产业的迅速发展迭代，以及资本的强势介入，成为网红可以带来巨大的利益，从而催生出同样具有较大价值的网红孵化。这一类模式与其他培训模式有相同的缺点——可被复制，但在网红经纪培训这一产业内要做到高质高效是十分难的，毕竟每个网红都是具有独立性格与特色的个体，为不同网红进行打造培养的策略也不尽相同。目前的培训方向大致有两类：如何成为网红的网红打造、如何经营网红产业的流量变现。

4.2.2 内容网红 iP 变现方式：电商 VS 广告

上述这些网红变现方式同样适用于内容网红，内容网红通过原创内容获取收益，而多种多样的变现方式无疑吸引了更多的内容创作者加入内容运营的大群体之中寻求变现。

而关于内容变现，业内有一个普遍的共识——基础变现是广告，高级变现是电商，付费阅读的时代还没有完全到来。因此广告仍旧是内容变现方式中最为直接迅速的一种。

但这并不意味着内容电商的止步不前，实际上从最初的电视购物，到后来的美丽说、蘑菇街等时尚电商，再到基于微信平台的微商，内容电商始终在探索新的机会与出口，通过生产、制作内容的专业优势以获得变现。众所周知，微商的红利期正在逐渐消退，尽管微商在高度发展的过程中造成低口碑问题，但其作为电商领域内的一股强力军，我们不可否认它对于传统电商的巨大冲击，可以预见网红电商，特别是直播电商将继微商之后，成为一个新的电商利器。尤其在全民自媒体的今天，传统电商巨头已经感受到了巨大的威胁，因此阿里巴巴推出了淘宝直播、UC 内容店铺，京东商城也与今日头条联合打造自媒体电商以作应对。

总体上来说，电商变现方式比广告变现方式的成本更高、难度更大，但广告对于内容创业的伤害性更大，不利于内容创业的专一性和专业性。

在内容方面来讲，电商变现则比广告变现更加贴合内容，同时保持内容的质量与调性。

两种不同的变现方式更需要大家在寻求变现的时候有所侧重，在合适的时候选择合适的战略，配合以合适的变现方式。而这两种方式也并非鱼与熊掌不可兼得，上文讨论的同道大叔就是同时寻求不同类型变现方式的内容网红代表，如何妥善使用变现策略则需要大家找准自身定位，做出合适的选择。

与此同时，尽管内容在互联网时代已经免费了很长时间，但已经有越来越多的人开始形成付费习惯，愿意为好的音乐、视频、书籍付费。罗振宁的"得到"是内容付费的一匹黑马，马东团队的《好好说话》也赚得盆钵满溢，这都显现出内容网红正在走向一个成熟的、良性的方向。我们不能说知识变现的时代已经来临，但不可否认的是它正在到来。

知识付费时代到来

现代生活的快节奏导致碎片时间增多，人们对于利用碎片时间进行学习的意识也不断增强，从而催生了知识付费的兴起。知识付费的全面到来依赖于多种条件慢慢被满足，移动支付的发展与普及、用户消费观念与消费习惯的改变、获取信息方式的改变、以及对于优质内容与知识付费意愿增强，这些变化都推动了知识付费行业的爆发。

用户对于优质内容的需求增强，对其标准也越来越高，但互联网时代信息爆炸导致用户每天接收了无数良莠不齐的信息。知识内容平台逐渐成为了一个筛选器，把不同的内容分门别类或做了细分，同时也筛选出了不同的人群，将合适的内容传送到需要的人群手中，知识内容平台的作用也逐渐增强。而好的内容一定是更受欢迎、更易变现的消费品，人们愿意付费阅读好书、听好的音乐、学习好的知识；另一方面，好的内容也可以成为消费决策入口，通过广告或者电商变现。优质的内容一定是有干货、具备人格化背书的。优质内容在其所在行业内，一定具有专业度上的强关联，或者能够获取行业内用户的深度信任。同时由于快餐文化的兴起，人们更易接受轻松、易理解、易共鸣的内容，而不愿意阅读大段由专业术语与深层逻辑堆砌的文字。因此高质的内容必须娱乐化，用或轻松或娱乐的方式来进行演绎。

为知识付费是必然趋势。互联网正在慢慢加深对于知识的普及。但用户获取信息更加便利的同时，过量信息的侵入也使得信息的筛选和质量升级变得越来越重要。因此，在内容付费全面到来之前，无论是用户的付费习惯、知识精度与深度的升级还是蓄势待发的内容平台，都需要继续探索与发展。

4.3 资本如何助力内容 IP

4.3.1 内容 IP 需要重视短视频风口

2016 年 4 月，papi 酱贴片广告拍出 2200 万元天价，"创下人类历史上单条视频广告最高纪录"，超过范冰冰 1800 万的代言费。2016 年 9 月，

微博正文

徐小平 👑
2016-03-19 15:27 来自iPhone 6 Plus

感谢papi酱和她合伙人杨铭的信任。papi酱接下来会有很多动作。具体的，看罗辑思维周一的发布吧。

@牛文文：抢网红了！还是罗胖下手快，据说他已拉徐小平老师一起抢投了网红Papi酱和她的合伙人杨铭。本次投资由真格基金、罗辑思维、光源资本和星图资本联合注资，😂😂😂😂投资额据说是1200万元人民币——罗胖下手快，下手也狠，估计后续还有更狠的动作😂——网红小心，VC来袭！

744　168　254

• 摘自徐小平微博

今日头条在"头条号创作者大会"上宣布投入 10 亿元补贴短视频创作者。今日头条、微博、腾讯、阿里等巨头今年纷纷进军短视频，拼补贴拼政策拼流量，来势汹汹。这些事件无一不指向着一个趋势——内容创业已发生波澜壮阔的变化，短视频成为新风口。

资本的快速进入使得短视频融资市场形势活跃，给了内容创业者更大的信心。在资本寒冬论仍旧会被提起的时候，短视频领域却屡有佳音，不仅融资数量连年攀升，而且融资轮次多为早期的天使轮与 A 轮，金额动辄千万。

短视频的火热不仅吸引了传统媒体人纷纷转型，也促使传统媒体机构在这个领域纷纷发力。2016 年 10 月，界面新闻上线短视频品牌"箭厂"，重点生产"原创短视频纪录片"；以深度内容生产著称的南方周末成立南瓜视业，正式涉足视频领域；新京报推出视频项目"我们"，发力新闻快讯类视频制作。

一年前，头条号自媒体榜单前 20 名中只有 2 家生产短视频，而如今已有 13 家涉足短视频。不难预见一年之后，我们在名列榜首的自媒体"大佬"名单上将很难找到不涉足短视频领域的机构。

传统媒体人与传统媒体的加入使得 PGC 生产者激增，而短视频 UGC 的爆发也同样惊人，单在快手一个平台上，每天上传的短视频数量即超过 300 万。

而一个领域是否成为风口，最显著的指标自然是巨头是否入场。2016 年 4-9 月，互联网巨头们纷纷入局短视频，虽然各家切入点有所不同，但其占位都十分迅猛。

4.3.2 内容 IP 如何搭上资本的快车

抓住短视频风口

有人认为，与公众号图文 IP 相比，短视频的粉丝黏性太低，远远比不上情节、人物、观点鲜明、能够引起强烈共鸣的文章，短视频行业或许开始走入下坡。但这样的观点还是有失偏颇的，在生活方式、生活应用垂直领域的陈翔六点半、何仙姑夫、古阿莫等短视频 IP，愈加受到资本的青睐。

生活方式与应用领域的短视频，前有一条、二更，后有即刻视频、罐头视频，无一不广受瞩目并拿到了投资。

垂直领域更是百花齐放，IP 齐飞，专注于美食的日食记、美食菜谱小羽私厨、日日煮 DayDayCook、曼食慢语，财经领域的功夫财经、新三板指南，汽车领域的吱道二手车、30 秒懂车，母婴领域的壹父母、青藤文化，旅游领域的动旅游等，在 2016 年分别都拿到了投资。

2016 年年中，新媒体头部账号基本已被资本收割，下半年的融资大多是已拿到投资项目的下一轮融资。比如一条、毒舌电影、有车以后、吱道二手车、企鹅吃喝指南、童游、差评、灵魂有香气的女子、知识分子等下半年拿到投资的项目，都是第二、第三甚至第四轮次，资本对于短视频新媒体的青睐可见一斑。

做好媒体矩阵

与此同时，各垂直领域已被抢占，新兴的项目已很难在此时突破重围获得资本的青睐。那么，内容 IP 如何搭上资本的快车呢？与此刻腰部及以下自媒体融资难境况截然不同的是，做矩阵的传媒公司撬动资本的能力越来越强。单个 IP 获得融资热潮未平息，已获得融资 IP 的发展结局尚未被市场充分验证的境况下，投资大型内容公司比投资单个内容项目对于投资人来说要保险得多。

打造 MCN 内容平台

对优质内容有判断与制作能力，已经过初期探索、形成自己的工业化生产机制，对流量有很强的采购和控制能力，从内容生产和消费的两端调控、匹配流量，对旗下红人有一定的控制力，对于红人的粘性强的 MCN，才是最具有投资价值的内容平台。

MCN 最切合实际同时也最被资本认可的模式就是扎根于某个垂直领域，做深做精，得到可复制的成功经验再转向其他细分市场。不同的领域必定会有不同的进入难度，总的来说选择比较冷门的领域相对难度较低，对于领域内红人的谈判能力更强，控制力较大，竞争对手较少，因此能更迅速的抢占更多的流量资源。但同时这些冷门领域流量的价值不如热门领域高，因此广告和电商变现会比较困难。就像现在有很多内容项目面对的困境——手握大量高粘性流量却难以变现。但从另一个角度来说，某个热门的领域内突然闯出一家 MCN，披荆斩棘打败一堆竞争对手冲了出来，我们更愿意相信这家 MCN 公司能快速在其他领域抢占市场，获得成功。

4.3.3 内容 IP 投资孵化

渠道早已被互联网巨头瓜分，在此境况下，资本对于平台的投资十分慎重，更加偏向于向内容创业递出橄榄枝。而与此同时，当渠道越来越多之际，优质的内容成为了渠道与投资人双方青睐的稀缺资源，渠道看重优质内容能够带来的流量，投资人看重优质内容背后的巨大价值。

这促使着资本迅速涌入内容创业，同时也带来了更多的内容创作人才与机构转型，大批量专业人才与机构的涌入无疑形成了良性循环，促进了内容创作的不断发展。

那么，该如何从上游流量平台、中游网红孵化、下游网红变现这个网红产业链中真正抓住投资机会？

当大家都将目光聚焦在网红培养孵化、网红资源争抢上时，红檬文化在网红产业发起了红檬网红达人联盟，致力于打造网红产业最具影响力的学习型社群和营销、投资服务平台，推出网红产业加速计划，包括加速训练营和网红自媒体内容 IP 基金，通过多元化的渠道为网红及企业创造商业价值，这是国内第一家面向网红产业的类 YC 加速器，专注于投资和培育网红产业（泛文娱行业）的创新型企业，涵盖网红达人内容 IP、网红经纪、网红传播、网红电商、直播、短视频等网红产业链。

4.3.4 "社群 + 投资"模式

红檬文化推出了"社群 + 投资"的新模式，发起红檬网红达人联盟，通过红檬微课堂、红檬微访谈等线上活动，以及网红产业私董会、网红总

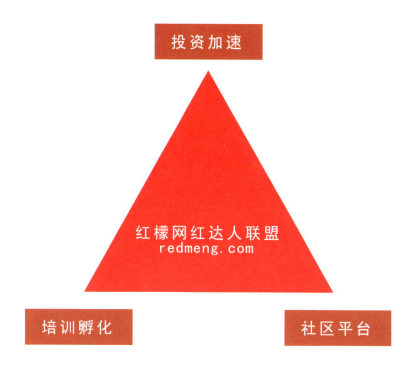

裁班、加速训练营等线下活动，打造网红产业内的学习型社群和营销、投资服务平台。

红檬针对网红内容产业开展投资业务，推出网红产业加速计划，设立总规模1亿元（第一期2000万）的网红内容产业基金，为入选内容团队提供"场地＋资金＋服务"的全方位加速支持。

这样的"社群＋投资"新模式目前已有一定成效，红檬网红达人联盟已聚集上百家业内机构，其中包括网红经纪、内容IP、投资机构、广告主等，红檬文化通过社群整合网红产业链资源，成功举办多次大型活动、拍摄大理音乐真人秀，并邀请数位业内专家共同撰写网红专题书籍，举办网红达人课堂。

在投资业务领域，红檬文化已与十余位内容IP达成合作，涉及红娘情感、军事装备、健康养生、家居整理等领域，帮助 IP 们在短视频、直播、传播等方面不断提升。

4.3.5 IP 投资服务：一书一课一社群

书籍：《你就是下一个超级 IP》

2016 年是网红元年，更是 IP 崛起之年。2016 年移动互联网涌现了千万级粉丝与身价的 IP 型网红 papi 酱，拉开了 IP 元年的序幕。将大众及资本的目光都引向了新一代 IP 的挖掘与打造。

《你就是下一个超级 IP》一书由红檬文化旗下的红檬网红达人联盟发起，邀请若干网红产业知名机构与产业内不同领域大牛共同撰写编辑。撰写者来自于网红产业平台、内容制作团队、网红营销传播公司、IP 类投资机构、直播网红 IP 培训等团队或平台。

本书集合众多网红产业大咖从业经验结合 IP 打造实例，呈现网红 IP 的挖掘、打造、成长、传播、变现之道，解析 IP 产业与运作机制，寻求锻造超级 IP 的最优方式。

红檬文化通过此书的发行和传播，将最新的 IP 打造理念传递给市场，也同时提升撰写方的行业品牌影响力，地位。

课堂：红檬达人学堂

红檬达人学堂由红檬文化出品，联合十余位生活方式的内容 IP，涵盖时间管理、军事装备、投资理财、爱情沟通学、中医养生、色彩搭配等领域。

红檬达人学堂致力于建设热爱生活、文化、知识的用户群体的共同学习交流社群平台，每月邀请一位某领域专家或IP，通过线上阅读、交流与线下的活动、论坛等多种形式带领大家探索其擅长领域，通过12个月的学习探索12个不同的领域，成为生活中全能全面的专家。

通过红檬达人学堂的共同学习，红檬文化将热爱生活、喜欢知识性内容的受众群体积聚起来。通过内容学习将旗下IP们推向社群前台，共享社群会员，提升影响力，实现有效联动。

社群：线上线下互动

红檬文化通过红檬网红达人联盟与达人学堂，有效建立了整合产业资源与受众群体的高质社群，并根据社群内各类流量属性与来源的不同，开设了涵盖音频、视频、线上课堂等不同社交平台的红檬帐号，发布行业热点资讯与社群最新动态，为IP提供内容分发服务。

同时，红檬文化继续运行"社群+投资"模式，举办高质高能高干货的内容产业论坛，针对网红主播IP甄选培训的红檬主播大赛与进一步扩大影响力的红檬音乐节，全面整合产业上下游资源，调动社群力量，为IP提供更好的投资与网红培育服务。

第二篇

从 0 到 1，如何打造个人 IP

茱小丽叶

　　旅游生活自媒体达人，内容 IP 营销达人。曾为某 BBS 早期网络红人，后在美丽说等平台制作内容积累 20 余万粉丝。除互联网玩票性质达人身份外，她曾担任过时尚媒体公关、知名互联网平台市场公关，具有敏锐的营销人触觉，是"花时概念花店"联合创始人之一。

　　现经营个人微信自媒体号"茱小丽叶"，曾在红檬网红达人联盟担任第一任秘书长，辅导内容 IP 的孵化并协助投资前期考察。

网红内容 IP 到底是什么？

1. 网红发展史就是一部关注力经济变迁史

在移动互联网如此发达的今天，网红已经不是新词了，早在 BBS 时代就已经有这个概念。最早一批"网红"几乎都诞生于论坛，"芙蓉姐姐"奶茶妹妹们给我们带来了娱乐八卦话题。仅仅因为一些图片就能吸引流量，续而诞生了"事件营销"。因为事件、话题被吸引、聚集，这是最早的网红时代特征。

后来，网红的舞台重心慢慢偏向于那些"网红脸"美女。这些美女的走红象征着审美型网红时代序幕的拉开，明星和网红之间的界限在逐渐模糊。至今，在直播间里，仍有半壁江山都被这些颜值型女孩霸屏，从中诞生不少娱乐网红和电商网红。她们展示着令人向往的外形和生活方式，满足了大家追逐"美"的心态。

当大家开始对"颜值"敏感度降低之后，关注力风口开始向"内容"转移。这个阶段大家开始关注能够给自己带来真实价值的内容。这种价值可能是一种知识，可能是一种观点上的共鸣。同时，那些具有个性化的表达方式和独树一帜的观点往往能吸引更多人的目光。这是一个追求个性、内容的时代。

纵观网红的发展史，就是一部关注力经济的变迁史。这个历程中，人们的关注点可能在变，需求也持续呈现变化。如果找到一个红的规律，也许最根本的就是：人性！

2. IP 并非新产物

IP 听起来很潮流，其实并非新概念。

IP 原本是指"知识产权"，后在互联网时代延展为泛指网络上具有影响力的人、事、物，一般具有独立的运作能力和变现能力。

回顾文化历史，其实它都一直都存在。最经典的 IP 就是中国的一些古典名著：《西游记》、《白蛇传》、《红楼梦》等。它们从最初的文学作品，一代代传播，通过各个时代各个方式被演绎，从早期的各种戏曲到电视剧，再演化为《大话西游》等以其为基础素材的大热影片。现在，湖南电视台又邀请了一群演技惊人的小朋友进行翻拍。这就是优秀 IP 的实力，可以长期具有生命力，在不同的时代被不停地用当代人的理解和需求去重新演绎、重新释放它的能量。这样的 IP 是有价值的，能带来精神财富的同时，也极具经济价值。

人物型网红 IP 古往今来也一直都存在，比如唐朝的玄奘法师，他不仅有输出内容价值观，还有传奇故事，更有丰富内涵。直到今天，他依旧是一个经典大 IP。非常有意思的是，虽然 IP 现象一直存在，但只有到了互联网时代——传播极其发达的现在，这个概念才被提出来，IP 产业才开始发展。为什么？

这是因为在互联网的时代，IP 的概念更容易被延展。互联网就像一个土壤，经过多年的持续发展，已经到了共享经济发达、用户需求旺盛、各个传播渠道百花齐放的时候，孕育 IP 的土壤已经成熟。

在互联网时代，创作的门槛相对比较低，有才华的人都能找到适合的平台去创作、展示与宣传，并且快速聚集自己的粉丝。在聚集了粉丝之后，获取了流量，就获得了成为 IP 的潜力。包括《花千骨》《琅琊榜》等著名网络小说，当他们翻牌成了电视剧、电影，甚至把版权卖给了游戏公司制作同名游戏后，他们 IP 的潜力就展现出来了。

3. 成为内容网红 IP

互联网时代，IP 的定义在不断扩展，那么怎样才能成为一个网红 IP 呢？

在这个自媒体渠道丰富的今天，如果你能够持续产出能被粉丝接受的内容，在现在的移动互联时代是很容易拥有自己的粉丝的。尤其是在微信时代，哪怕是"移植"别人公众号内容形成一个专业领域的公众账号，只要内容对受众具有价值，就会有人关注。

当然，这样的关注算不算真正的"粉丝"，这值得商榷。

粉丝是什么？和你之间有"粘性"，带点"欣赏"甚至"仰视"。

如果你能有自己的原创性内容，给受众群体提供某个领域内，在别处看不到的知识、信息、观点，让受众能在你这里学到不同的东西。那才可能对你产生一些"粘性"。所以：

你的内容必须是有质量的。什么样的内容才算是质量？能满足受众群体的真正需求，你要知道粉丝要看什么，爱看什么，并持续给粉丝提供养料，让粉丝觉得你与互联网上随意可以搜到的内容不一样，不舍得取消关注。

4. IP 人格化让你成为网红 IP

持续产出原创内容就够了吗？能不能成为大号？能不能成为头部 IP？

受众和粉丝的需求并不是不变的。粉丝会成长，外部环境也会变化，作为一个内容 IP 必须是"成长性的"，甚至是引领着粉丝去成长。那么要成为一个"爆款"网红 IP 可能需要在"内容 IP"的基础上再做加法，总结来说就是：IP 人格化体现

想红就得有个性！这个是互联网时代显而易见的规律。这个"个性"如何体现？如何与你的 IP 结合？

如果你的自媒体只是干巴巴地写着一些"专业知识"，恐怕只会被人当作一个订阅某领域信息的新闻号。看过就算，没有感情链接。就像微信每日推送的 4 条腾讯新闻，你会对它产生欣赏和仰视吗？

现在不少新闻媒体人的自媒体都已经摆脱了新闻惯有的属性，用自己的个人观点来传递引读新闻，从他们长期提供的新闻中，你可以看到媒体人鲜明的个性特征和他们的价值观，也非常清楚他们发布的新闻中所传递

的价值。比如，上海人都非常熟悉的宣克炅，他通过自媒体用独特的方式解读新闻。你可能看不到有朋友在朋友圈转发微信腾讯推送的新闻，但你可能经常看到朋友们转发他发布的新闻，还带有明显价值观倾向的文字点评。这样的新闻解读和传播无疑是具有"人格化"的，比一般传统方式表达的新闻更有感染力和影响力。

当你在制作输出内容的同时也输出自身的价值观，将 IP 进行人格化呈现，从而被用户所接受、喜欢并长期关注且支持你的观点和价值观，那么你就 可能成为一个网红 IP。那么你就可能成为一个网红 IP。

5. 判断内容 IP 价值

内容 IP 已经有很多了，怎么判断一个内容 IP 是否具有价值？仅仅看内容好坏？从投资人角度会如何看 IP 的价值？

笔者建议可以从四个纬度来判断。

四个维度参考判断内容IP的价值

5.1 高质量内容的持续生产力

内容的高质量无需赘述，说到持续生产力，你的内容应该是能够以某个频率不停地被生产，而不是时而更新时而停更，这会降低粉丝的关注度与粘性。当你在高质量内容生产上有了持续性，那么首先你就具备了一个成为内容 IP 的基础点。

一推出就受到广大关注和喜爱的《欢乐颂》，在大结局之后让人意犹未尽。媒体上马上爆出了《欢乐颂 2》开拍和剧情透露。这就迎合了粉丝当下的需求和心态，把握住了先机。《欢乐颂 2》迅速开播，在冷却之前立马"更新"，速度之快令人惊讶。也保住了 IP 的价值，在"保质期"内让这个 IP 继续发挥价值。反面例子是曾经同样令人沉迷剧情的小说 IP《沉浮》，作为小说因其契合白领的职场体验曾经就获取了大量粉丝，电视剧一样获得了好评和很高的收视率，《沉浮 1》《沉浮 2》之后剧情并未结束反而是挂了一个悬念。粉丝们急切地等待《沉浮 3》的出炉，却迟迟未等到，社交媒体上催促作者也未果。时隔多年，最终原来的剧情都已经陆续被粉丝遗忘，续作还未出现，其 IP 价值显然没有得到充分的发挥。

又比如我们都熟知的 papi 酱，她的爆红离不开自身对于内容的把控与制作，更离不开持续生产的内容积累。她每期内容的工作量非常巨大，但如果她没有保持高频的内容输出与更新，在快餐文化盛行、用户注意力被瓜分的现在，她所积累的粉丝将会很快流失，她的 IP 价值也将受到极大的限制。

5.2 粉丝粘性和信任度

看一个 IP 是不是有价值，她与粉丝的关系也很重要。这其中最关键的点就是粉丝对她的信任度如何？用一句比较极端的话来说，一个 IP 如果拥有越多的"脑残粉"，那么这个 IP 的粉丝粘性和信任度也就越高。这样的 IP 才算是真正的领域内的 KOL（意见领袖），具有变现能力。

用户对于 IP 是今天关注了明天说不定就取消关注？还是会持续保持关注状态并且相信 IP 所输出的内容与观点？甚至 IP 背书推荐的产品他们都会自然地升起信任，愿意购买？这一点是十分关键的，这是变现的基本要素。

众所周知，现在这个时代信息量很大，用户注意力十分分散，每个人在短时间内会很容易关注很多信息和账号，但每过一段时间就会过滤取关掉一大部分对自己价值不大的账号，那么剩下的那些我们认为重要的信息，就是相对有粘性的。

这些信息为什么有粘性，对于不同的 IP 来说原因也是不同的，有的可能是价值观，有的可能是独一无二的内容，有的可能是知识性内容的独特表现手法，也可能是其他的一些原因。如果粉丝对于 IP 一旦有了比较强的粘性，那么她的变现就会比较容易 。

5.3 IP 延展能力

一个 IP 能够通过不同的方式延展，那么变现的维度就会增多，后期变现的爆发引力就会增强。比如《圣斗士星矢》这个 IP，它不但拍摄了电影，推出了漫画，还有不停更新迭代的电视剧以及周边产品。对于它的粉丝来说，这个 IP 已经成为了一种回忆一种情怀，即便这些周边产品卖得很贵，但他们依旧愿意花钱去购买。

一个做时尚内容的 IP，有了粉丝粘性和信任度之后根据自己的风格和粉丝的偏好开创自己的时尚品牌，或者买手平台；一个做健身的 IP 也许可以开发自己的代餐品牌；一个出色的内容 IP 也极有可能引入其他"达人""专家"为自己站台，发展自己的粉丝成为新生代 KOL，最后让自己的 IP 成为一个平台。

这就是一个 IP 是否具有足够的延展能力所能够带来的变现维度。延展能力和 IP 本身的特性及个人或团队的能力息息相关。

5.4 垂直领域发展前景

每一个 IP 都应该观察其相对应的垂直领域，是不是已经是红海，还是未来可能会迎来爆发点的蓝海。这要从两点来判断：

第一，这个领域喜欢和关注的人是否多？如果目前不多，未来是否有潜力？为什么目前不多？是否有一定的潜在风险？

第二，这个领域是否已经有很多内容 IP，甚至有非常出色的头部 IP。如果是，你需要考虑是否还具有必要介入，如果介入差异性在哪里？用什么战略可能引爆？成功率是否高？

打造内容 IP 实操建议

6. 做 IP，你真的准备好了吗？

思考：我为什么要成为IP？

内在驱动力帮助你更好地走下去！

你为什么想成为一个网红 IP？你思考过这个问题吗？

- 是想试试看表达自己所想？
- 是为了明确的变现目的？
- 为了证明自己的能力？
- 为了传播自己的知识或价值观？

　　确实很多已经成功 IP 在一开始都没有思考过这个问题，只是顺水推舟地做了擅长或喜欢的内容，碰巧踏准了某些平台的红利期，不小心就火了。那么，"一不小心就火"的那些因素现在是否依旧还存在？还可能出现在你身上吗？恐怕谁都不敢说。非要说，也许出现的概率确实很低。

　　总结来说这个问题的答案通常可能会有几种情况：

IP的内在驱动力决定"逆商"

价值？

情怀？

变现？

无思考

　　那么不同动机的 IP 在发展中会有什么不一样？我们来看看：

　　没有明确目标或仅以变现为目的，表达方式随意性大；更新频次随心；什么话题火谈什么话题，什么方向可以吸引粉丝多做什么方向，打法随意；前后观点可能矛盾；遇见阻碍容易放弃；

　　有明确目标以实现个人价值并有目标的：表达方式会围绕自己的风格和价值观；有动力持续更新；有体系有章法；传达的信息和观点前后一致强化 IP 特点；遇见风浪因内心有动力而会排除万难坚持。

　　只有清晰了自己的目标，才会围绕着目标进行规划，在执行的过程中也不会轻易被外界干扰从而随波逐流，才能慢慢摸索出方向。要知道，粉丝们可不喜欢一个随波逐流的 IP，粘性和信任度更是无从谈起了。

打造 IP 的过程通常都不是一帆风顺的，很可能是以波浪线的轨迹往前走。可能在一些时期会遇到一些挫折，尤其在没有大量粉丝涌入或暂时看不到变现机会时，是否能面对困境不轻易放弃？这就与是否有明确的目标息息相关。目标的不同也会导致在不同时期面临不同的选择，从而导向不同的结果。你的目标会成为你做 IP 的内在驱动力，同时在过程中会遇到很多价值观相似的粉丝，不但是你对她们有影响，同时她们也会反过来支持你、帮助你走得更远。

7. 通过寻找你的"粉丝兴奋点"来定位

7.1 我是谁

第一步，明确"我是谁"。

从目前自身的情况来思考两个问题：我现在是谁？我要成为谁？

除了思考我本身的特质外，更把自己放在互联网的海洋中思考自己想成为什么样的 IP，想成为大家心目中什么样的人。当然这只是一个基于自身特质的一个设想。根本上来说你必须要对成为这个"我"有一种天然的兴奋，才可能具有可持续性。

具体还需要结合后面的"我的能力"和"我的优势及特点"来找到最终的"粉丝兴奋点"帮助你做最终定位。

7.2 我有什么：我的能力

这里所说的能力主要是来分析能为粉丝提供什么？这应该围绕你个人（或团队）的核心能力和技能来思考，是帮助你去思考你凭借什么来吸引粉丝的。具体的操作方式相信你一定知道如何从自身及经历经验中寻找。

首先要问自己：我的能力在哪里？基于我的核心能力、技能给粉丝提供什么样的内容？

7.3 我的优势

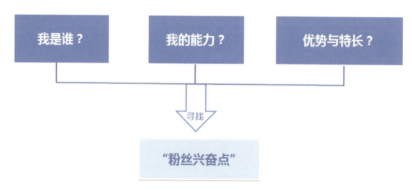

能力和优势的区别是什么？ 能力是你的内容基点，一切内容可能都是围绕能力展开的，必须是可持续的。而优势则是你在发挥能力的过程中，可以辅助你超越同类 KOL 的特长、特征。

能力未必能够成为优势，但能力非常强的时候也可以成为优势。优势通常可以在确定你的 IP 表达形式、传播渠道上起重要作用，也可以帮助你找到"定位"，找到与其他 IP 的差异点。

寻找优势的方法可以很直观简单：贴标签！把自己能找到发现自己的各种特点和能力的标签罗列出来，再做交叉分析，如：尤其美貌（或长得特别像某明星）或特别丑、迷人的娃娃音、演讲能力很强、表演或表现力强、说话幽默特别能唠嗑、具备某种特殊才艺……

通常这些特点没有优劣好坏，丑不一定比漂亮坏，只看你如何交叉运用优势来定位。

你可以扬长避短，也可以利用自己的"短"来成为长。 傅园慧不是游泳队里最美的，她"逗比"的表情一定是很多美女运动员要避免在公众面前出现的。但是恰恰是这样率真不遮掩自我的真实表情让她受到了极大的热爱。美固然百试不爽，网红圈却从来不缺美。你用什么去打动你的受众？这是需要思考的。

7.4 找到粉丝兴奋点

把以上三点全部罗列分析后，尝试寻找他们所形成的交集吧！当你拥有了确切专业的能力与现实可行的优势，他们所形成的交集就成为了你的"粉丝兴奋点"。粉丝兴奋点也可以说是 IP 定位的基础，一切都可以由此展开。在打造 IP 的前期阶段，悉心地分析并寻找"粉丝兴奋点"，确定自己吸引粉丝的路径，这对 IP 的起点来说很重要。远比没有分析拿起来就做成功的概率要高。

但需要注意一个陷阱，你分析的粉丝兴奋点是否真实存在？这就像一个创业企业分析其产品的用户需求是否真实存在一样。很多时候，开头错了就容易走弯路，到底是粉丝兴奋点，还是你自己的兴奋点，这个是要谨慎客观分析的。所以分析行业及头部 KOl 的情况就尤为重要。必要的时候也不妨听听业内业外人士的建议，综合考量。

8. 研究粉丝群体

粉丝是谁？

- 群体性别？
- 群体年龄段？
- 挖掘群体的特点？
- 他们的主流价值观？

粉丝偏好？

- 习惯或偏好？
- 日常关注点？
- 经常出没平台？
- 文字或视觉风格偏好？

做品牌要做用户画像。个人 IP 也是个人品牌，在考量自己粉丝市场的时候用户画像的方法也非常有效。通过"粉丝兴奋点"找到 IP 的基础定位完成之后，我们可以根据确定的"粉丝兴奋点"来进行描绘粉丝的"用户画像"。

建议通过"谁是你的粉丝"和"粉丝习惯偏好研究"两个递进的层面分别对粉丝群体进行分析。"谁是你的粉丝"可以帮助你圈定你的粉丝群体确定差异化点，"粉丝习惯偏好研究"则了解他们的需求、特点、对信息接收的有效方式等。例如情感自媒体的粉丝多数喜欢在深夜阅读内容，他们大多比较感性，关注情感故事。我们可以通过对情感自媒体的"粉丝兴奋点"来推导出它所对应 IP 粉丝的习惯，在晚安时分做推送，用情感故事加伤感音乐或知心姐姐的语音故事方式推送内容。

你当然可以做一个高高在上不在乎粉丝的 IP，就像天王天后那般自我和高冷，但这能否吸引到粉丝是否能火依赖的是极大的实力和运气。在自媒体满天飞的现在，如果还想走出一条路，比较靠谱的方式还是寻找合理的逻辑路线去帮助自己走上 IP 征途。自媒体时代，为什么很多大号都来自于曾经的传统媒体人或营销人？很大程度上他们因职业素养对于品牌定位和用户研究有敏感度，能迅速找到粉丝兴奋点并加以强化，能抓住用户心理，知道如何向你的粉丝表达自己、知道通过什么方式传播才能将效果最大化。

9. 竞品分析对你大有益处

9.1 其他同领域 KOL 的情况如何？

当你在研究你自己的粉丝时，其实已经在研究你所要深扎的领域了。这个时候，我推荐的方法是你可以从这个领域中其他 KOL 着手，去研究你的粉丝需要什么。

这并非说你要去模仿他们，而是当他们成为这个领域的 KOL 时，他

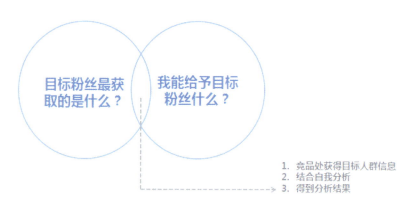

深入研究同领域其他的KOL入手

目标粉丝最获取的是什么？

我能给予目标粉丝什么？

1. 竞品处获得目标人群信息
2. 结合自我分析
3. 得到分析结果

们已经拥有了打造 IP 的成功经验，这些成功经验可以给你一个好的样板，来规避一些漏洞与错误，省时省力地达到自身的目的。

比如：他们在做这个领域哪个模块的内容？凭借什么吸引到了粉丝并走红？是心理上的需求还是物质层面的激励？他们和粉丝的互动关系是怎样的？运用了怎样的载体与平台渠道？

你不妨去观察一下同领域其他 KOL 的各平台帐号，帮助你了解这个群体的粉丝分布在哪里，各平台的流量和活跃度状态，这些都是极有益处的。

另外，粉丝的留言互动也非常值得一看！ 千万不要只当作八卦看了就过，粉丝的留言可以看到 IP 提供的内容和粉丝需求之间的关系。也许只有 10% 的粉丝会留言，但愿意表达的粉丝通常都是这个领域的"重度用户"，他们很可能是为 IP 做传播的那批人，也极可能是你的潜在忠实用户。 他们表达的态度、信息和对内容的需求都值得你客观（不带个人主观立场）地去关注和研究。

同时你要考虑两个非常重要的问题：

· 我能给与目标粉丝什么？

· 目标粉丝最想从我这里获取什么？

把这两个问题搞清楚，再探究下他们相互之间的关系该如何处理吧。

观察：是否已经有知名头部 IP？

在你所扎根的领域中，如果已经存在了比较知名的头部 IP，这时候就要从四个角度来进行竞品的分析。

1）行业和 KOL 的特点，以及对应的粉丝群体

这里不再赘述，请参考上一部分内容，相信在细分行业领域有所专业技能的人都能进行客观有效的分析。

2）头部 IP 新媒体互动

不仅要观察头部 IP 的特点与内容，也要注意它所生产内容所带来的效果，在新媒体上与粉丝们的互动，从而了解粉丝对其哪些内容感兴趣哪些会反感，头部 IP 有没有根据粉丝需求加以满足？如果没有是为什么？深入分析以确定粉丝想要获取的真是需求是什么。

3）头部 IP 与我的关系

在同样的行业与细分领域中，头部 IP 与自身的关系出现相反内容的概率是极其微小的，那么会出现的关系只有两个——相同，或是互补。

如果是相同的，那么我要怎么做才能做得比头部 IP 更加吸引人？

如果是互补的，那么我所确定的"粉丝兴奋点"是否真是存在？反复思考并考虑引爆战略。

4）头部 IP 面临的问题

头部 IP 面临的问题与瓶颈是一个标尺，预示着我们也可能在未来遇到相同的情况。那么在面临同样的情况时，我能否解决并完成超越吗？我要怎样做才能突破瓶颈？如果不能突破，我的规划是什么？

内容IP通常应具备的元素

10. 网红 IP 的核心元素

接受到的信息可能是碎片的，但网红 IP 的形象却必然是丰满的。要打造一个可能具备网红潜质的 IP，你需要具备哪些元素？

10.1 易于记忆传播的名字

作为一个网红，总该有一个能够让人很快记住并且容易传播的网名吧。请注意这里的"很快记住"和"容易传播"两个关键词。

这个网名最好要能体现你的"特质"，又要具有网感。要么有趣要么亲切，没有网感怎能红呢？而且还要朗朗上口，这样才容易被记住被传播。

笔者在 papi 酱在最初刚火的时候，一看到这个名字就觉得很有趣、很"逗逼"，说起来又好玩又顺口，网感很强，很容易就被记住了。在和朋友交流的时候即使有人错说成 pipa 酱，也会马上有人纠正过来。这说明至少已经成为标签被记住了。

10.2 你的个性标签或口号

"我是 papi 酱，一个集美貌与智慧于一身的女子！"相信大家对于这句话都很熟悉，无论大家是否认同她的美貌或者才华，但这句话被她在每个短片的末尾说出来的时候一次次被强化，毫无疑问大家就将这句话和她这个人联系在了一起。

在微博微信上也有很多人通过签名给自己贴了标签，甚至很多。但那些通常更多的都是身份标签而不是个性标签。如果你想要打造一个 IP 的话，不妨考虑为自己设计与自身定位、价值观息息相关的个性标签，它可以帮助你迅速传递出你希望传递的内容与观点。个性标签（签名）也是可以帮你吸粉的，记住要不断强化！

10.3 作品（知识或代表作）

自媒体向 IP 的转型通常都由自己的代表作开始，也就是说传递所在领域信息或知识的作品。这里面专业知识能力是基础，代表作是其表现形式。

papi 酱早期使她为人所知的成名作"女人系列"与"上海话 + 英语系列"，展现了她的表演、语言、搞笑天赋，大大增强了这个 IP 的辨识度与传播性。

10.4 作品载体方式

一个 IP 需要合适的载体来传播输出的内容。这个载体可以是多种，但在早期引爆的时候，建议主要采用一种载体强化印象，其他的作为辅助手段。主要精力放在核心载体方式上，通过前期的观察再做适当调整。

具体载体的选择后面会有展开说明。

10.5 独特的 IP 形象

前期如果能有固定的 IP 形象会更有利于 IP 的传播，在打造 IP 早期的时候可以考虑这个元素的建立。IP 形象可以是真实的个人形象也可以是一个虚拟形象。

羽西的平刘海齐耳短发那么多年深入人心就是最经典的 IP 形象案例；而虚拟形象中优秀的案例则是龙泉寺新媒体代言人"贤二机器僧"，作为虚拟形象有形象有声音有身世，可对话，会讲故事，还能帮你解惑，可以说是虚拟形象的学习模范对象。介于真实和虚拟之间的则有王尼玛，真人却顶着卡通面具，让无数人对其好奇而引发话题。

另外一个 IP 形象的案例是微博大 v 博主艾克里里，就在微博活动"小学生化妆大赛"中凭借搞笑视频一炮而红，同时将齐刘海学生头的搞笑形象深入人心。这个形象被制作成为各种表情包进行二次传播。虽然在现在他使用这个形象的频率已经比较少，但由于早期个人形象的传播使他已经拥有了大量的粉丝，对于他个人 IP 的辨识度增前，即便后期不再使用这个形象也同样凭借个性化标签保持粉丝的粘性。

11. 寻找你的"发声"方式

延续上一章节讨论的 IP 组建因素，我们接着来具体地探讨一下 IP 的载体形式。

目前各种平台虽然很多，这里为大家做了一个载体形式的总结，总体分为三类：图文、视频、声音。

人类的信息传递和表达主要依赖于语言、文字、表情和肢体，所有的

内容IP常用的几种主流载体形式

最经典	**最易传播**	**最新颖**
图文	短视频	声音

思想都通过这三种方式传达给外界。三大类的载体也是这三种基础表达方式的单项或复合型组合。各大渠道平台的发展基于技术的发展，但也必然迎合了受众对不同方式信息的获取需求。每一种表达方式都有其优势，作为 IP 可以结合自身的特点特产及受众对信息表达方式的敏感度来选择合适的载体。

11.1 图文

这是非常传统且适用面最广的一种方式。从早期的 BBS 开始就是图文，跟随博客、微博、微信延续了下来，包括现在的知乎、头条甚至很多创新 APP 平台使用的依旧是图文模式。可见图文模式长兴不衰。

笔者相信这个形式是不会消逝的。文字是人类一直以来最基本的记载和表达方式，阅读也是人类长久以来不变的乐趣。虽然传播载体在变，但阅读的需求一直都在，并且会持续存在下去。那么图文的形式必然会持久地存在下去，只是在文字和图片的表达方式上会有新的演变，渠道也会有所变化。

文字和视频声音相比，它可以给阅读者更多的想象空间和思考空间，便于记录，更接近"学习模式"。

选择图文方式的时候需要考虑以下两点

· 图片和文字表达风格

· 图片和文字的比例

"图"与"文"的比例是可以根据内容和 IP 特质调整的。 图加上文是大家见的比较多的，纯文字和纯图片也是可行的。 漫画表达手法就属于纯图模式，可以将干涩难懂的内容转化为一看就明白的卡通漫画。微信公众号"菩菩公园"将多数人觉得复杂深奥的佛法知识用通俗搞笑的漫画形式展现，完全 90 后的语言模式融入大量网络用语，让人轻松一笑间就获取了大量文字才能传达的内容，极大地强化了"佛学如此性感"的 IP 口号标签。

在压力巨大信息爆炸的时代，纯图模式也是一种极为巧妙受欢迎的表达方式。

11.2 视频

图文的表达相对静态，基于文字。很多时候沟通互动还需要加上肢体和表情，或者动态的画面。这就是视频载体的存在基础，视频的短时间的信息量可以更大。

视频包含了短视频、直播、网剧等。这也是顺应现在的生活方式而发展的新形式。传统的图文阅读形式需要相对比较多的时间与精力，信息爆炸期，大量图文的涌现恰恰让用户对于大篇幅文字产生疲劳，很多时候还没看到图文的重点就消耗掉了用户的耐性。这个时候，短视频形式这样表达直接，信息获取更方便，还依赖纳肢体和表情来传递信息的方式就更容易让大家接受了。

星座的大号已经很多了，尤其是同道大叔基本已经将星座娱乐做的淋漓尽致。但是你却想不到在同道大叔和 Alex 大叔之后还会有一个陈茂源（微信公众号：逗吧三人组）能够靠简单的星座解析走红。如果单纯把陈茂源视频中的文字转化为文案加几张图片发布，恐怕能红的可能性极低，他靠的是什么？北京舞蹈学院编导系出身的陈茂源镜头前具有很强的话剧演员般的表现力，加之专业的编导能力，他的短视频用"一本正经地煽情模式"严肃地深情地为每个星座内心作独白引发了大量共鸣，让人直呼"太准了"。这种准并不仅仅基于文案内容，更多是他的语言表情肢体结合后用视频独白式的代言表达让人觉得内心深处的某些东西被他表达出来了。

时尚行业是很早就开始运用短视频的领域，也许因为时尚行业的诸多细节通过视频和一些拍摄手法可以表达的更丰富更诱人。其中韩国美妆头号大网红 Pony 更是美妆短视频的榜样网红，她用制作精良的化妆短视频风靡全球，她的仿妆视频每出一辑都会被粉丝疯狂传播。

直播的形式也是视频的一个延展，短视频讲究精简干练，直播则可以让受众用更多的时间来了解你，重点更多放在互动上。

11.3 声音

而第三种是通常会被大家忽略的一种形式——声音载体。声音对应了三种基本表达方式中的"语言"。早期运用的比较少，现在随着知识付费的崛起正在慢慢的苏醒阶段中。

如果你的声音别具特色，尤其具有表现力，不妨不要浪费这一天赋。声音载体平台喜马拉雅、蜻蜓 FM 上，很多知识型 IP 也开始通过音频来传递与积累独特的内容并已经开始变现。微信平台上也有不少结合了音频和文字内容来加强自己的 IP 属性。

11.4 留一点想象空间给粉丝

在输出内容的时候需要考虑选择合适的载体进行传播，结合 IP 自身最吸引人的特点与优势，分析哪种载体最适合演绎与表达内容，同时哪一类载体拥有最大的受众群体流量。除了单一载体的投入，也可以不同载体交叉运用。将内容放到不同的载体中进行演绎与传播，根据手中的反馈信息来考虑用户习惯，选择其中一种载体作为主要载体，其他的载体作为辅助。

不同载体对于人格化的展现程度都不同，留给粉丝的想象空间自然也不相同。

一般来说将优点展现给受众似乎是理所当然的。扬长避短的角度来说，避短的同时把它变成一种"神秘感"有时候也会成为一种话题。百度一下王尼玛，你会看到众多粉丝对他到底是什么样极为好奇，还引发无数讨论。能做到这样，是美是丑都不再重要了！

如何留想象空间适合你？这道题你也思考一下？

走向 IP 化的引爆和传播战略

12. 大胆设想自己的引爆战略

引爆就是打造网红 IP 走红的战略，如何在泛泛的自媒体海洋中杀出一条路？讲几个比较常见的引爆战略供大家思考。

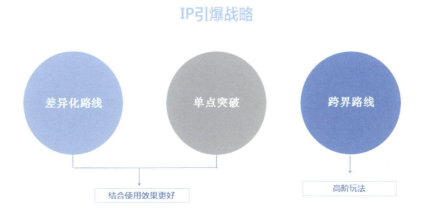

IP引爆战略

差异化路线　　单点突破　　跨界路线

结合使用效果更好　　高阶玩法

12.1 差异化路线

差异化路线比较容易理解，在每个领域都会有已经相对出名的成功 IP 在其中，如果你在这个领域内走的路线是与那些成功 IP 相似的，就很难从他们手中抢到他们已经拥有的关注度与流量，容易成为炮灰变成自 high。

比如名声大噪的 MC 天佑，同样是沟通类直播，在美女唱歌聊天的秀场模式盛行阶段，凭借醇厚独特的声线与喊麦技巧成功抢夺大量关注度与流量，造就了自身独特的 IP。现在的时尚类 IP 已经多如牛毛，如果你的内容你的定位或表现手法没有够独特的地方，恐怕淹没在茫茫的信息海洋中，顶多只是分到蛋糕的一小角，离变现之路遥遥无期，成为超级 IP 更是无从谈起了。

12.2 单点突破

有人在做定位的时候，认为自己好像没什么特殊的能力或者特长，也有一些人觉得自己身上的特点与优势领域特别多。这样的情况下通常很难取舍，因为每个领域都有一定的受众，都有一定的引爆可能。如果这些领域相互之间不是太冲突，很可能会选择在自己的自媒体上都分别尝试下。

这就容易陷入一个陷阱。领域涉及太多，就显得没有突出优势。东弄一些，西讲一点，看起来博学多才，但是粉丝的忠诚度却很难建立起来。只有在单个领域很专很深才能一下子抓住粉丝的信任建立起忠诚度。个人的 IP 形象中的作品（知识）也是需要持续度来体现和维持的。

考虑自身的特点，同时结合市场需求，找到最适合的单点进行突破！坚持下去，直到成为网红 IP 之后则再考虑展现其他方面的能力为妙。

12.3 跨界路线

跨界，顾名思义就是同时在两个以上的领域很优秀很突出，同时在一个 IP 身上展现，从而交汇出特色，让粉丝喜爱。同时在展现两个以上的优质特征，听起来是不是和"单点突破"很矛盾？

是的，相对于其他方法，跨界路线不是一个具有普适性、人人都能够尝试的方法。它比较适合在某个领域已经有一定建树、积累了一定粉丝量的人来做，运用已有的经验来展示其他方面的才华，增加粉丝对他的粘性。有时候甚至可以用来做转型，进而获得更多个人价值展现机会和变现手段。这招一旦用得好，事半功倍；用得不好，则重点不清晰，很难突破。

典型的例子像是韩寒，他在年轻时已经成为了一位很红的作家，后来大家发现他赛车也玩得特别好，对他的崇拜也就多了一层，他追求自由的个性也就更加被人接受与推崇。所以跨界路线比较适合已经在某个领域有所积累的人。

13. IP 成功的重要窍诀

实际上，一个 IP 好不好、能够走多远，有一个很关键的决定因素在于这个 IP 有没有输出价值观，粉丝对他的喜爱是否持久要看背后有没有

价值认同感。

用户认同你的价值观，他们就会并将你的 IP 形象作为自身的映射，从而自发地由衷地认同你的观点、内容，并想要表达。表达的方式通常是互动或转发评论（与自己的朋友互动）这就自发地为你进行了传播，续而可能成为一个高忠诚度高粘性持续传播的粉丝，这样的粉丝是极具价值的。

公众号大 V 咪蒙，常年发布毒鸡汤，她在自己的文章里就十分强烈地表达了各种观点，输出了她个人的价值观，形成了具有争议性的话题后迅速聚拢大批对其有价值认同感的粉丝，每天等待她的更新并为她自发传播。

在做 IP 的时候，你是否有价值观的输出决定了你的生命力指数，这又间接影响到你的 IP 价值。那么有了价值观后要如何传递价值观、增强价值认同感呢？笔者在此为大家提供两个方法：

1）人格化演绎

同时在你的作品演绎过程中，不但要有人格化，而且要不断强化。你应该是有个性的有自己观点的，这个人格化的个性要与你所传递的价值观直接联系起来。

2）讲故事

为什么那么多真人秀喜欢找一些有故事的选手来参与。你的自身素质不一定是走红的最重要因素，但你有故事，我们就可以对你进行包装，包装后的"人性化"足以打动大家的心，你就可能被大家记住。

品牌有品牌故事，个人 IP 也可以有自己的故事，你的故事看似只是你的经历却也传达了价值观，粉丝也能够比较有代入感地通过你的故事来接受你所传递的价值观。

14. 传播：酒香真的不怕巷子深？

有时候你具备创作好的内容的内涵素养，也运用了种种方法，如人格化、讲故事、研究所在领域等等。但阅读量却始终停滞在一定范围内，"10w+

"就像一个魔咒，永远只会出现在别人身上，百思不得其解！在此，笔者就 IP 的传播问题给大家提几点建议。

1 第一批粉丝很重要

2 培养1000个忠诚粉丝

3 多渠道全网分发，抓住渠道红利期

14.1 你的第一批"粉丝"是谁？

对于每一个 IP 来说，第一批粉丝都是至关重要的，他们决定了你的内容可以传播多远，可以覆盖多大的受众面。

以咪蒙作为典型案例，她有一篇文章是朋友圈爆文，就是大家都有所耳闻或是有所拜读的《致贱人》。这篇文章撰写于她做公众号的早期，为什么她能在那么早、粉丝积累并不多的情况下引爆朋友圈呢？很大的一部分原因来自于她的第一批粉丝。她本人是一位专栏作者与媒体编辑，她的第一批粉丝里有一部分是记者与编辑，也有一部分是与她有过接触来往的公关。公关与媒体人的共同特点在于都拥有比较大的影响力，通常在各自的交际圈里成为意见领袖。当这样的人转发了一篇引起了共鸣的文章，这篇文章传播后的覆盖面也就可想而知。

而如果她的第一批粉丝大部分是微商，那么她的文章就无法达到这样的传播效果与火爆程度。那么在做 IP 的时候大家需要思考，你的第一批粉丝应该是怎样的人？是不是能够找到一些更具有传播效率的人来为你传播？

14.2 怎样培养 1000 个忠实粉丝。

你有 10 万粉丝，一定比只有 5000 粉丝的号转化率高吗？未必。转化率的关键是看粉丝与你之间的信任度。培养忠粉比追求数量有时候更有价值！

很多业内人士达成共识的一句话是：只要拥有了 1000 个忠实粉丝，你做任何事情都会很容易。这句话最早来源于美国"网络文化"的发言人和观察者，《连线》（Wired）杂志创始主编 Kevin Kelly 的"拥有一千位粉丝生活无忧"的观点。

在互联网时代这是可能的，如果你能吸纳 1000 位忠诚的信任度极高的粉丝，这 1000 个忠实粉丝不但会接受并相信你传播的观点、信息，并且会主动为你做二次传播。当他们不断地为你进行二次传播，你的传播影响力就会不断得到扩大。

14.3 多渠道全网分发

对于大部分 IP 来说，微信公众账号依旧是主要的内容传播渠道，那么笔者提供的第三个建议就是，不要忽略其他渠道的作用，进行多渠道全网分发。

众所周知，微信公众号已经度过了红利期，业内的众多大 IP 也在寻找更加合适的渠道进行流量的转移与累积。而不同渠道内的用户流量是不同的，他们具有不同的用户习惯和特点，多渠道的分发帮助我们尽可能在不同的用户群体中获取 IP 的目标受众，不断累积流量。

14.4 把握新生渠道的红利期

在这里笔者想要加入第四个建议，是要充分把握和应用新传播渠道的敏感度。比如 2016 年下半年，网络直播爆红，直播作为新的传播渠道具有很强优势，用户流量大、日活高，结合直播渠道进行的内容传播与营销往往能以比较小的成本引爆大效果。

包括如今颇受业内看好的短视频，大家应该保持对于新传播渠道的敏感性，争取在新传播渠道盛行的时候适时地采取合适的方式，对 IP 进行传播。

15. IP 的传播渠道

IP 的传播需要通过多样性的渠道平台。微博、微信、博客等都在过去的这几年里影响着我们的生活方式，培养了 IP 们的基础用户的互联网社交习惯。而由于这些传统方式多年用户习惯的培养与适应，以及背后沉淀的大量流量，我们还是需要持续地去运用它们。

那么除了这些之外，像今日头条、网易、搜狐，他们都有自己的自媒体平台，大家在使用图文作为载体进行内容传播的时候，可以考虑多平台

同步进行传播。

上文中我们讨论到的喜马拉雅 FM、蜻蜓 FM，它是一个以声音为载体的网络播音平台，每个人都可以成为播音主持表达自己的观点。大家在做内容时有比较优秀的内容，也可以转化成为声音进行传播；视频平台虽然很多，但近期最火的必然非短视频平台了！如美拍、快手、秒拍等，用户很活跃，值得关注。 在 2017 年初异军突起的分答、在行类渠道，同样适用于制作专业内容的 IP，可以通过专业观点与知识的输出获取到高质粉丝，同时也获取变现。而知识付费是 2017 年最火的话题。除了喜马拉雅、蜻蜓等平台， 得到、荔枝、千聊等都属于知识付费领域的综合平台， 用户虽有差异，但是都非常适合内容型 IP 去尝试吸粉。

虽是大众化的渠道，但每个渠道在不同的领域都有不同的作用。而这些渠道所对应的各个平台对于优质的内容也有迫切需求，了解各个平台的用户特点、平台短期内的偏好对于现阶段正在成长的 IP 来说是应该要做的功课。

渠道时刻在发生着变化，作为一个未来网红 IP，必须对平台的发展和变化具有敏感度，抓住平台红利期，事半功倍。

16. 养成善于撩粉体质

IP 生命力指数的关键之一是粉丝互动能力，网红的一个重要指标就是"会撩粉"。什么是"撩"？就是互动。网红 IP 与粉丝的关系不应该只是崇拜与被崇拜，而更加像是谈恋爱，也是需要一些"撩"的套路，那么如何"与粉丝谈恋爱"也就成为了大家必修的一门课程。

16.1 给 Ta 想要的

给予粉丝感兴趣的内容，她们喜欢什么就给她们什么，"宠"她们，让她们对你所输出的内容与观点有所认同与满足，被满足的粉丝自然会开

撩粉：与粉丝谈恋爱！

情绪引导

开社群带
粉丝玩

给TA感兴
趣的内容

利用UGC
撩粉互动

开心心转发点评点赞打赏，然后对你提出更多内容需求，形成良性循环。

16.2 情绪的引导

　　带领他们跟着你的思路进行思考，与她们建立共鸣，然后让他们跟着你的情绪走。很多情感类公众账号都是这么干的，超级大网红 Papi 酱也是个中能手，星座达人陈茂源也是在短视频中大胆地煽情，用户一对号入座就不小心成了他们的粉丝。笔者自己的旅行生活类公众号"茱小丽叶"也不小心踏到了这个秘诀，引来了不少向往"自由"的粉丝。

16.3 UGC 的运用

　　利用 UGC 与粉丝进行内容的输出与互动也是撩粉的一个诀窍。粉丝当然喜欢和你接触，抛话题就像和粉丝聊天一般。你可以抛出粉丝喜欢的话题来吸引粉丝参与互动，增加粉丝的粘性与活跃度。比如笔者在写旅行笔记的同时，也会邀请粉丝来谈谈自己在旅途中发生的有趣或奇葩的事件，这样轻松的话题会增强粉丝表达与互动的欲望。

　　同时粉丝在互动的过程中也会产生很多有趣的内容，你可以将这些内容整合起来，通过各类载体与渠道再次传播出去，让粉丝看到自己写给

IP 的内容也会被 IP 重视与传播。而这反过来让粉丝认为自己与你建立了某种感情联系，也会更有意愿与你进行沟通与反馈。

16.4 粉丝社群运营

建立一个可以与粉丝直接沟通的社群，走下舞台让粉丝们能有机会和你真实地交流，粉丝会给你更多回报。

日常的问候可以建立更深的感情链接，建立更深的信任度；

看大家的日常交流可以更多地了解粉丝关注点和价值取向；

对于你输出内容及时得到反馈，帮助你更了解你粉丝，并更利于粉丝为你做二次传播；

社群内的交流便于产出 UGC；

粉丝社群的最经典案例莫罗辑思维莫属，当初的罗粉成就了罗振宇互联网实验，从而引发了"移动互联网社群"概念。可以说如果没有当初的罗辑思维社群就没有后来的"得到"。可见社群玩得好，是对自身价值做了乘法。

17. 最高境界：你就是内容

一个明星，只要有关注度，他的一言一行能成为新闻。哪怕走一次红毯穿错了衣服也会变成话题，哪怕随手 一张生活微博照片里不小心露出的一个杯子都可能成为淘宝爆款。

一个优秀的网红 IP，一样可能达到这样的境界。罗胖每年的年末演讲， 无论准备什么话题第二天都将成为传疯社交媒体的话题；张大奕随便搭 配的一件最平凡不过的 T 恤都绝对会大卖。当你到达这样的境界，哪怕你在自己的微博上发了一条只有一个标点符号的博文，粉丝们都会认为此举可能含有深意，你的一举一动都会变成关注和模仿的对象。

高处不甚寒，得到粉丝的追捧的同时，网红们也需要时刻爱惜自己的羽毛。 水能载舟亦能覆舟，粉丝的信任获来不易，一旦信任被破坏就可能面临高处坠落的境地。 商业化要谨慎，标新立异要有尺度，不能漠视粉丝的智商。唯有真爱粉丝才会被粉丝更长久地爱戴。

想要成为这样一个高境界的网红？ 光靠方法论也许是不够的，还需要你投入地去实践。

建立 IP 的方法并不是固定不变，也没有一定准确的套路，一切都在变化和发展中。走套路通常也可能走入死胡同，关键是要有对受众和行业的敏感度。在网络世界里，标新立异红一时，却也极容易半路夭折！正确的价值观加上有趣的灵魂才是一个内涵 IP 该有的样子。这里仅提出一些思路作为参考，希望看到此文的你有一天成为大 IP，到时候请记得到我的微信公众号后台（茱小丽叶）来悄悄告诉我！

第三篇

短 视 频 IP 的 崛 起

何员外

第一代网络作家，著有《毕业那天我们一起失恋》，影响了一大批大学学子，被誉为网络怪才。因为这个契机，理工科的他走上了作家编剧的道路。

作为原创 IP 的作者，何员外深谙 IP 的价值。

从 2013 年起致力于原创 IP 开发，2015 年创立了上海逗趣文化传媒有限公司。公司以新媒体为平台，自主 IP 开发、孵化与运营。公司首个项目《就这么狐闹》整合各方资源，探索影视跨界融合新模式，延长产业链，在"爱奇艺"播放中，搞笑的风格与大胆的广告植入模式受到了相当的关注。

1. 短视频为什么这么火

2016 年，Papi 酱获得 1200 万的天使轮投资，一集短视频中仅十几秒的贴片广告拍出 2000 万人民币的天价。这可能是我们最早知道短视频火了的信号。

Papi 酱的系列短视频，真实且可爱地调侃、吐槽各种娱乐八卦以及男女情感，捕获大批粉丝，让她本人成为当年最火爆的网红。目前 papi 酱已经衍生出新的 IP:papiTube，开始了趋向成熟的短视频 IP 孵化之路。

2017 年，沉寂已久的土豆网宣布将以移动端为主，成为主打短视频的应用。新土豆提出"大鱼计划"，包括设立大鱼号，为短视频内容生产者提供多点分发渠道，设立 20 亿扶持基金……。

此项计划听起来似乎并不陌生，早前今日头条、秒拍、快手也有过类似举措，短视频如此炙手可热，新土豆的重新出发无疑是瞄准了这块蛋糕。

从文字到图片，再到短视频，互联网用户对网络内容的不断升级，促使短视频瞬间火爆。受到短视频背后巨大潜在商业价值的驱使，也涌现出了很多优质的短视频。多领域、多角度的 UGC、PGC、OGC 原创视频涌现，不仅丰富了短视频内容的广度和深度，同时也满足了互联网用户多元化的兴趣需求。

1.1 短视频是如何兴起的？

短视频泛指短小精悍的视频模式，总长度一般在 5 分钟以内。短视频因其自身具备信息量大、播放便捷、传播快捷等特性，天然的增强了社交属性。目前由个人上传到网络的短视频，基本都依赖于短视频应用软件，也可称为短视频社交平台。

短视频应用的产生是短视频发展的开端，而这些应用最先在美国出现，首发产品是创办于 2010 年的 Viddy 于 2011 年 4 月 11 日正式发布了移动短视频社交应用产品。即时拍摄，即时分享成为他们创建和分享视频的有趣简单方式。与 Facebook、Twitter、YouTube 等社交网站实时对接，用户之间的交流从互相发送文字、语音、图片，发展到互发视频。类似的应用，还有大规模争夺用户的短视频分享软件 VINE 和开始拓展短视频分享业务的传统图片分享应用 Instagram。除此之外还有 Keek、Mixbit 等。

国外短视频主要依靠它的社交性吸引大批粉丝，也产生了由各平台促发的短视频热潮，让短视频用户从自娱自乐发布短视频赢得其他用户的关注与点赞，到短视频制作者（们）开始寻求短视频盈利，短视频商业化道路渐渐展开。

在短视频盈利空间日益显现的情况下，国内出现了一大批短视频综合播放平台、短视频社交平台以及短视频推荐平台。如：目前短视频播放量极高的三个平台：秒拍、美拍与快手。

国内这些平台之间并非各自为阵，例如秒拍与新浪的战略合作，可以将秒拍所有上传的短视频直接分享至微博，提高曝光率。这些短视频综合平台、分享平台与内容推荐平台之间已然形成了一个短视频产业链。短视频制作、播放与传播的生态链初步显现。

• 短视频行业产业链　来源：艾瑞咨询

1.2 环境优势助力短视频发展

国内短视频的发展受国内环境影响，火爆程度不亚于海外。

就 2016 年举例，短视频综合平台人均启动次数从 8 月开始出现明显增长，2016 年 9 月人均单日启动突破 8 次；人均单日使用时长普遍为 40 分钟左右，2016 年 9 月奥运会期间攀升至 68 分钟，到 2016 年 12 月则较年初稳定增长，达到单日人均使用时长 56.2 分钟。

短视频在国内能有如此迅速的增长与政策环境、社会环境、经济环境、技术环境都息息相关。

1）政策环境：

从政策层面看，国务院办公厅 2015 年印发《关于加快高速宽带网络建设推进网络提速降费的指导意见》，此项"信息惠民"工程大大促进了移动端网络用户的覆盖率与使用率。短视频无疑是其中的受益者之一。

2）社会环境：

2017 年中国互联网络信息中心（CNNIC）发布第 39 次《中国互联网络发展状况统计报告》显示，至 2016 年年底中国互联网普及率达到 53.2%。

据 2017 年再次获得 3.5 亿融资的快手公布的最新运营数据显示：该平台日活跃用户超过了 5000 万，日上传视频超过了 500 万条。快手已经连续 3 年位于国内移动 App 流量榜的首位。

快手的高日活量反映了当今中国一个真实的互联网现状，即庞大的农村网民的需求。按照马斯洛的五层需求理论，短视频恰恰满足了以基层人民为代表的这个阶层的社会需求。

3）经济环境：

2016 年短视频行业获投资 35 笔，其中短视频平台方获投融资 15 笔；短视频内容方获投融资 20 笔；截止 2016 年 7 月，短视频行业共获投资 43 笔。可见这个领域逐渐被越来越看好；再从内容创业受到资本更多垂青看，短视频 IP 化功不可没。

2016 年短视频市场典型投融资案例

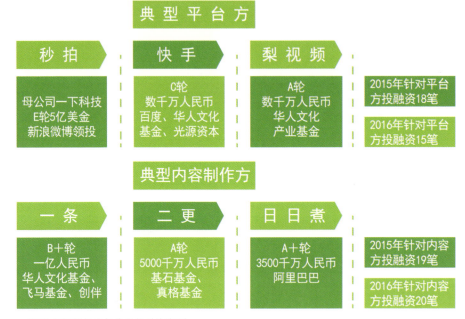

典型平台方

秒 拍	快 手	梨 视 频	
母公司一下科技 E轮5亿美金 新浪微博领投	C轮 数千万人民币 百度、华人文化 基金、光源资本	A轮 数千万人民币 华人文化 产业基金	2015年针对平台方投融资18笔 / 2016年针对平台方投融资15笔

典型内容制作方

一 条	二 更	日 日 煮	
B+轮 一亿人民币 华人文化基金、 飞马基金、创伴	A轮 5000千万人民币 基石基金、 真格基金	A+轮 3500千万人民币 阿里巴巴	2015年针对内容方投融资19笔 / 2016年针对内容方投融资20笔

• 2016 年短视频市场典型投融资案例

4）技术环境：

由于各短视频社交平台在个人上传的短视频后期处理功能上不断更新，普通用户可以通过一个"傻瓜式"的操作，制作出具有大片效果的短视频，加之各种点赞、评论与转发功能从不同程度上满足大众的心理需求，短视频技术的日益完善与产品的不断更迭，同样促使这个行业逐渐深入地影响到更多用户的生活层面，形成依赖感。

2．短视频策划与制作

在短视频大环境优越的情况下，如何利用这些优势，策划与制作出系列短视频，从而成为一个 IP 转换为商业价值？ 是目前一大批短视频创业机构与制作机构关心的话题。

2.1 怎样创造一个短视频 IP？

短视频目前仍然在发展阶段，市场处于野蛮生长期，各类短视频五花八门，成熟或者不成熟的 IP 也是层出不穷，要如何创造一个自己的短视频 IP，可以首先将自己做一个分类。

目前短视频 IP 大概可以分为三类，即个人品牌 IP，独立品牌 IP，节目品牌 IP。三类短视频 IP 在策划与制作的方向与倾向上也各有不同。

个人品牌IP——网红短视频

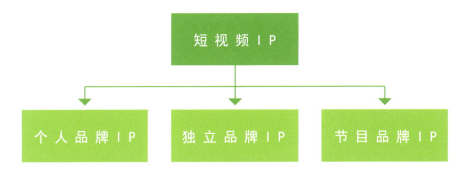

所谓个人品牌 IP 指的是大家通常看到的"网红短视频"。如今新媒体上有标签且拥有众多粉丝的意见领袖都被称为网红。网红用他们身上的特质吸引了一大批粉丝，所以网红做什么，粉丝们都会愿意看。短视频作为一种新的表达方式，越来越多被网红们使用，他们通过微信公众号、微博、视频网站平台分发内容获取用户，**"短视频＋社交"已经是连接网红与粉丝的重要媒介。**

1）人格化形象

如果你想做网红短视频，首先制定一个人格化形象。这个形象需要比平常人略微出格，你也知道，在互联网上太平淡的形象不能勾起粉丝的兴趣。比如 papi 酱、罗休休、Kiki 队长、嫣儿都具有鲜明的人格特征。我们很难对 papi 酱的吐槽功力不产生深刻印象。

当然，这个人格特征并不一定要真人出镜，声音、画风都可以体现性格特征，比如暴走漫画中的王尼玛形象。

2）多点分发

目前各个短视频平台上的原创内容已经进入全面爆发的状态，要在海量的视频内容中得到点击，不仅内容本身要优质，并且还要懂得一个方法，也就是把自己的视频发布到更多分发点。简单说也就是多平台同步发布。

作为网红短视频，其中的社交功能不是不能忽视的，多点分发，多与粉丝互动才能短时间集聚粉丝，快速形成品牌。

3）创意的内容

要在海量信息中抓住受众的眼球，"创意"是一个捷径。

虽然不同的网红短视频涉及的领域均不相同（有泛生活化话题的内容，也有美妆、美食、旅游、音乐等各垂直领域的内容）相同的是大多数人都是以幽默、搞笑的方式在制作他们的短视频。

搞笑是否是一剂良方，包治百病？答案是否定的，内容不仅仅搞笑就可以。

用标杆个人品牌 IP 的创造者 Papi 酱举例：她的短视频内容混杂了社会上的热点与长久以来的顽疾，这些内容从很大程度上可以引发观看者的共鸣，纯粹靠搞笑脱颖而出的内容并不多，因为搞笑不当，看的人不仅笑不出来，还会觉得相当尴尬。

短视频受众本身并不具备高忠诚度，一个短视频在没有形成品牌之前，没有观众会在乎它的创作者是谁。就算关注了一个短视频创作者的号，也可能因为内容变得越来越无趣而转投其他有趣的视频。观众的诉求无非是娱乐一下自己，搞笑短视频，明星八卦，有趣的宠物都可以达到这个诉求。加观众满足的是他们在碎片化时间的娱乐休闲需求，这种浅层的需求对某一个短视频网红很难形成忠诚度。

网红短视频的生存难点就在于如何长期生产短视频，并获得高点击？

所有的网红都不会希望过把瘾就死，持续生产是关键。拍出一个爆红短视频存在运气的成分，持续生产出用户感兴趣的爆红短视频需要真本事。在精准定位的基础上，需要强大的创意策划和制作能力来驱动。

4）团队战斗

网红有明显的个人标签，生产制作的内容主要围绕粉丝兴趣或针对细分领域，容易形成系列内容，是有一定商业变现潜力的群体，所以制作个人品牌 IP 短视频并不一定要单打独斗，完全可以通过团队完成。

独立品牌 IP：新媒体垂直短视频

独立制作的垂直短视频是短视频时代催生的另一种 IP，与原来电视时代不同，起步更容易，比如专注短视频的"一条"已经为很多行业拍摄了短视频，传播匠人精神，传达一种生活方式也成为了"一条"的特色。还有专注美食领域的"日食记"，温暖治愈的美食故事，长相粗旷却厨艺了得的大叔，以及那只出镜率极高的猫咪都成为了"日食记"的标签。它用"视频内容 + 微信公众号 + 视频网站"直接锁定了一群志趣相投的中产阶级人群。还有与"一条"同样获得 A 轮融资的"二更"，更是在"二更"这个 IP 下，发展出了"二更食堂"、"更城市"等子 IP。

独立品牌 IP，往往聚焦行业，针对各个垂直领域，由专业化视频团队运作，成为新时代的内容电商，利用新媒体与视频网站组合推广，锁定固定的消费用户。可以看出与网络短视频不同，独立品牌 IP 相对成熟，在短视频的制作上也更专业。

那么除了诸如"一条、日食记、二更"这样已经处于独立品牌 IP 头部的机构，初创团队是否还有机会进入？策划是关键所在！

1）搞清分类

短视频策划前首先要选好分类，什么都做等于什么都没有做。按照目前短视频现状分类有时尚类、娱乐类、生活类、搞笑类、科技类、体育类、宠物类、军事类、游戏类、汽车类，这些分类中也要找准一个点。

例如"一色神技能"是一档以生活类题材为拍摄对象的短视频栏目，

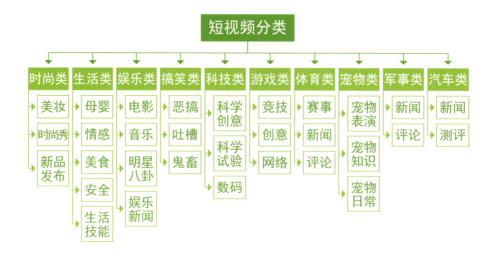

他们团队在一开始想的是针对高附加值消费产品的科普，选题涉及生活的方方面面。诸如帮你挑选合适的电动牙刷，帮你如何挑选电熨斗等等，这些需要考虑一些产品参数的消费品。但是后来发现，一个视频需要支出的成本比较大；完成一个视频周期也会比较长。最终在播放平台上视频的播放数据也不是很理想，视频的制作和产出不成正比。

并不是这样的视频内容没有价值，而是对一个初创团队来讲，做测评需要资金与时间，这里需要的人力、物力都过大，所以需要其他的表现形式来表达。

2）做好调研

内容策划是短视频制作前期的关键，并不是拍脑袋就能决定的。前期工作中调研是必须的功课。当拍摄方向已经选定后，需要寻找一个类似案例，看它的播放量、周产量、投入情况等，之后再类比自己的团队与其相比的优劣势，从而调整拍摄内容。

完成这些工作后，可以做一个小小的测试，即是将策划定下的内容用手机拍摄制作后投放到一些大的平台试水，如果效果可以达到自己的预期，那么制作这一档内容则更有把握。

3）兴趣至上

从目前短视频市场受欢迎程度看，美食、美妆的大众受欢迎程度一直遥遥领先，但是母婴的商业落地能力却更好。在了解市场的导向情况下，是不是什么受欢迎就做什么？对于独立品牌 IP 孵化的团队来讲，一定不可能完全迎合市场，内容方向必须是适合自己团队的，团队擅长的你内容才更容易推断短视频的制作效率，所以兴趣也是至关重要的一点。

当策划的内容都确定后，制作团队的优劣就起到了作用。鉴于目前短视频制作团队成员数量均以个位数为主，下面将针对 1 人、2 人与 4 人团队作一个工作分配示例。

1 人配置：

如果你真的是一个人的团队，那么必须独立完成策划、拍摄、表演、剪辑与包装，外加一些运营上的工作。当然如果一个人真的可以完全执行，成本当然是最节省的。如果 1 人不能完成所有工作，那么必须擅长策划与运营，拍摄、表演与剪辑都可以外包。出于成本考虑，外包给一些学生可以大大减轻资金压力，**重点是一人团队中的这一位需要完全掌握好自己所拍短视频的整体方向，以便于传达指令时能够清晰、明了。**

2 人配置：

2 人配置的团队需要的人员配置分别为编导与运营。

两人团队中的编导应当是一位全才，与视频相关的工作将由他一个人负担。2 人团队基本是编导为核心，运营根据编导的制作方向来调整运营方向。当然，运营也必须给编导用户的反馈，以便于短视频的不断优化。

4 人配置：

4 个人的配置对视频产量高的团队来说比较理想，比如一周需要制作出 3~7 个视频。4 人的职务也更清晰：

编导：在 4 个角色中编导既是短视频的编剧又是导演，对短视频的主要风格、内容方向、以及每一集内容的策划和脚本负责，另外拍摄和剪辑环节也需要参与，是非常重要的角色，所以不管是几个人的团队，这个角色是必不可少的。

　　摄影师：摄影师主要负责拍摄，还要分担摄影棚的搭建，道具的购买

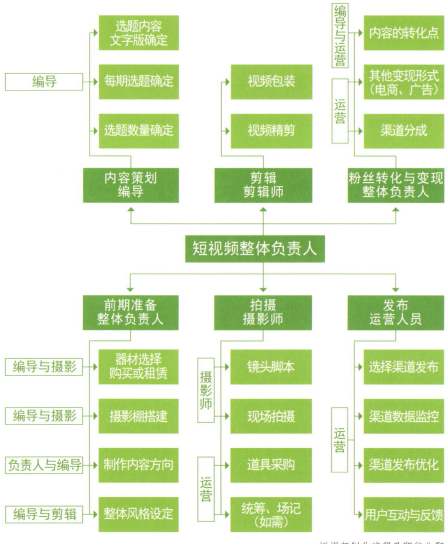

• 短视频制作流程及职能分配

（运营人员可以帮忙），表演者形象的的指导，视频拍摄风格的设定等，摄影师的意见和建议关系到最后画面效果的呈现。

剪辑师： 剪辑师主要负责成片的剪辑与包装，当然也需要参与整个策划过程。

运营： 运营是很重要的一环，视频成片完成后如何获得最大的内容和栏目爆光、发往哪些渠道、用户的反馈管理等，这些都需要靠运营来完成。这是短视频的最后一环，也是见成效的一环。

如果短视频内容方向是旅游类的，又要达到高产，那么 4 人团队显然是不够的。编导与摄影师必须有 2 到 3 个组人员。

节目品牌 IP：平台级短视频

平台级短视频是由视频平台，围绕事件或主题打造的短视频 IP，玩法上资源更加强大，且制作水平与传播效率都大大提升，不是单一一个节目引爆，渠道流量的支持也是重要的特点，比如腾讯短视频就覆盖了 QQ、微信、腾讯新闻、天天快报、腾讯视频五大产品，内容与流量得天独厚，短视频爆红具有天然优势。

还记得对嘴金星"空姐段子"的"小咖秀"吗？它可以说是平台级短视频里面知名度极高的一个 IP。小咖秀上线后，一夜爆红，各路明星狂飙演技，解放天性。再依赖于秒拍与新浪微博的战略合作关系，"小咖秀"分享短视频在微博铺天盖地。小咖秀上线两个月，APP Store 下载量全榜前十，娱乐榜前五，为秒拍的使用打下了坚实的基础。

平台附属的节目品牌 IP，各家视频平台生产的 PGC 内容，往往围绕主打的事件；与顶级 IP 绑定；利用大数据做兴趣匹配，再经过平台方广泛深入的大数据评估由专业团队进行策划和制作，平台方已储备的广告合作商也为这些策划与制作提前买了单。

平台级短视频制作一般自身已经是头部企业，强强联手是最多的合作方式。

2.2 哪些内容可以成为短视频 IP？

短视频 IP 依赖优质的内容产出，生成具有知名度的品牌，内容是至关重要的部分。要选对内容，首先要搞清分类，以下几种选题共襄参考。

1）时尚类：紧跟潮流及时出新

时尚类短视频基本以女性用户为主，日后趋势也不乏男性。主要结合明星、潮流趋势、服装搭配、美妆。以风向标式的视频给受众指引、指导意见。所以紧跟最新潮流，了解各种时尚品牌、时尚活动的动向及时推出内容是关键。

2）生活类：满足实用技能 + 装备知识需求

生活类的受众很广，受众的特点是相对成熟，因为喜欢生活类视频的受众基本已经都有一定的生活经验，他们对于生活类视频的主要诉求就是"实用"。

其中有一部分人是抱着学习的目的，另一部分则是猎奇。所以在做这一类视频的选题时，不光要带给人们实用的技能，还要能满足人们随手"装备知识"的需要。主持人窦文涛说过一句话："现代人希望知识喂到他们的口边。"短视频能够满足他们的需求。

3）搞笑类：创意与新鲜

搞笑类与生活类的受众都不在少数，搞笑类的受众可以说更加广。娱乐搞笑的内容能够引起大多数观众的兴趣。搞笑类视频不仅年龄层广，学历各方面也广，所以目前搞笑类短视频在互联网上也是最多的。

面对海量的的搞笑视频，如何获得受众的青睐是搞笑视频的难点之一。所以创意，笑料的新鲜度对搞笑视频来说就变得很重要。而精致的LOGO，精致的片头片尾对搞笑视频来说显得不那么重要，重点还是在创意。

4）人文类：知识以故事形式深度获取

人文类短视频相对更具深度，对历史、历史人物、地貌风光、民俗民风、社会现象的解读都包含在人文短视频的范畴。受众的学历与学识也相对更高一些。

也有观众想了解未知的世界，人文类短视频是对知识的深度获取，以故事的形式展开，更容易被大众接受。

5）科技类：掌握动态展现专业度

科技类视频的受众男性占大多数，虽然男性的消费更理智，但是科技类却是他们会冲动消费的一种，所以科技类短视频是一个很好的选题类。

现今，科技数码类产品的更新换代非常之快，加上产品的不断生产，所以素材层面的量是非常大的。科技类视频的内容与时尚类相似，需要掌握产品的最新动态，对产品本身的了解层度也要有相对的说服力，最好有业内人士参与。或者也可以转载最新产品的发布，但是一定要在第一时间，如果速度上赶不上，那么视频的价值则要大打则扣。

6）美食类：跨界结合

美食类在中国受欢迎似乎并不需要过多解释，中国人民以食为天的理论，已经证实这个主题会受到相当的关注。美食的题材也相当多。

需要注意的是美食类在广告的植入方面局限比较大，所以可以结合搞笑类、人文类、生活类，以便转换出更多的商业价值空间。

7）新闻类：资源与人脉

新闻类短视频包括时事新闻、娱乐新闻等，可以说是短视频最早的形式，但是目前个人或者独立团队做新闻类的困难比较大。所以如果要涉及新闻类，最好事先搭建好一个大范围的资源库与人脉网。

3. 短视频的传播特点与方式

仅短视频传播而言，实际上是非常自由而且便捷的，手机、平板电脑等智能终端都可以实现。短视频的制作门槛低，无需传统的专业拍摄设备，添加APP所配置的现成滤镜、特效功能，就能使原本单调、枯燥的视频变得绚丽多彩，促进用户乐于分享身边的事。随着移动互联网的发展，移动客户端已经成为视频传播的主要途径。短视频凭借时间短、流量小、观看方便的特点被广泛传播。

一般开门见山、观点鲜明、内容集中、指向定位强的短视频形式，容易被观看、理解和接受，信息送达和接受度更高，从而传播也更加流畅。

针对 IP 化的短视频传播渠道主要为社交媒体平台，其中，"两微一端"（微博、微信、移动客户端）是主要途径。短视频的分享，已经能够与图片在社交平台的分享相提并论。从某个角度讲，短视频逐渐成为人与人之间传递信息的载体，其功能类似于图片在传播中起的作用，并且更具有画面感，也更真实可信。

正因为短视频传播便捷，使其生产量也随之增长，要在茫茫短视频的海洋中脱颖而出，或许成为了短视频 IP 养成的症结之一。

3.1 怎样让更多的人看到你的短视频？

制作与上载短视频无非是让更多人看到，被更多人关注，并且让更多人喜欢。那么首先怎么才能让更多人看到，多种分发渠道是短视频传播的基本要点。

据统计 2016 年 12 月移动全网短视频平台用户渗透率的前十位。其中包含了短视频综合平台，如秒拍、快手、美拍、小咖秀、小影、逗拍与蛙趣；短视频聚合平台如头条视频、爱拍；也有资讯媒体如凤凰视频。根据不同频台分类我们将短视频分发渠道归类为推进渠道、粉丝渠道、媒体渠道。

1）粉丝渠道

粉丝渠道主要是秒拍、快手、美拍这些短视频社交平台，在这些平台传播后很容易形成二次传播再转发到微信与微博这些社交网络。

如何形成转发，首先要了解粉丝是谁？了解这些短视频社交平台的用户画像。

快手：男女比例均衡，年龄段在中青年；

秒拍：女性占比较高，中高消费能力用户超过 60%；

美拍：年轻女性是主要用户。

短视频综合平台目前用户以女性为主，30 岁以下用户分布过半。不难看出女性在这些短视频社交网站上占了绝大多数，这也从一定层面上解释了为什么美食、美妆类短视频的受欢迎程度远远高于其他。

如果具体到一个短视频的发布，可以采用"标签 + 标题"的形式，这种形式更容易被看见。

比如：# 我要上热门 #。

多参与这些平台发起的活动，这样能被更多人看见。

2）推荐渠道

推荐渠道越来越多的被短视频创作者使用，如今日头条、企鹅号、网易号、一点资讯、大鱼号等等。其中用户使用率最高的今日头条，他的头条视频用户画像与短视频社交平台的用户有所不同，基本以 30 岁以上男性用户为主。他们相对更理性，为了被更多的点击打开可以在标题和封面图片上下功夫。

推荐渠道方的推荐方法基本分为两种：随机与小编推荐。无论是随机还是有人为因素，标题都非常重要。

这并非让你做标题党的意思。你可以参考以下几种方法：

建议使用的标题中可以提出疑问；利用数字和数据；利用时事热点、热词；利用明星、品牌词；

记住：抓住读者痛点都是很好的方向。不要故弄玄虚、低俗、挑衅，即使因为这样的标题点进来的受众或许最终并不是你真正的受众，同时让你真正的粉丝反感。

3）媒体渠道

就媒体渠道而言，编辑起到了很大的作用。所以了解不同媒体小编的口味也成为了利用传播的一项功课。比如，优酷的视频标题偏娱乐化，爱奇艺更偏实用型。其次标题中出现的高流量关键词也是先抓住视频点击的关键点。媒体渠道的标题尽量短，不要太长的标题，长标题一般效果不会太好。

另有一些垂直网站，如 A 站（ACFUN）、B 站（bilibili）成为了热门视频甚至网络热门词汇的发源地。"AB 站"作为最先在国内使用弹幕（悬浮于视频中的评论功能）功能的网站，他们的弹幕质量也是相对高的，观众在观看视频之余还可以跟网络任何一端的观众产生共鸣或者互相吐槽。他们的受众年龄普遍都在 24 岁以下，活跃度非常之高，将他们认为有趣的视频分发到其他网络平台，也使他们认为自己传播了潮流文化，并且急切乐于被更多人接受。在这些网站发视频标题上必须使用网络语系，词汇越热门越好。

4. 短视频的变现模式案例

短视频 IP 的主要目的之一毋庸置疑是变现，对于初创机构也好，亦或是成熟机构，钱从哪来？再发展出有效的商业模式？

4.1 怎样选择合适的渠道获得分成？

2016 年短视频内容创业风潮从三个角度让短视频具备了商业化能力。首先从绝对播放值上，日均 20 亿的播放提供了足够体量的广告池。其次，从行业细分上，40 个垂直分类已经能够初步满足不同品类客户的垂直投资需求。第三，从营销能力上，短视频内容在精准营销、效果营销、体验营销方面的效果已经逐渐被部分的客户认可。部分商业品牌已经开始尝试短视频内容营销，但由于内容创业者在商业端的影响力不足，使得 2016 年短视频内容市场在数量、质量、流量全面爆发的同时，并没有迎来商业市场的爆发，更多大品牌对短视频内容营销仍处于观望阶段。

在这样的态势下，短视频唯独从最直接的变现手段入手——渠道分成。

1）推荐渠道

这些渠道中视频的播放量主要通过系统推荐来获得，并没有太多人为的因素在里面，例如：今日头条。

2）视频渠道

这些渠道中视频的播放量主要通过搜索和小编推荐来获得，如果能获得比较好的推荐位也可以获得比较好的播放量和分成。例如：搜狐视频。

3）粉丝渠道

这些渠道中粉丝的多少对于视频播放量有很大的影响，但是个别的粉丝渠道也会有小编推荐的机制。例如：美拍。

类型	渠道	有否分成
推荐渠道	今日头条	√
	天天快报	√
	一点咨询	√
	网易号	
	大鱼号	√
	360 北京时节	
视频渠道	优酷	√
	腾讯	√
	爱奇艺	√
	B 站	
	搜狐	√
	酷六	
	土豆	
	爆米花	√
粉丝渠道	美拍	
	秒拍	
	榴莲	
	微信公众号	
	QQ 订阅号	
	微博	

4.2 如何才能加入各渠道的分成计划？

• 渠道分成列表

平台分成并不是说只要你一发了视频就有分成，还要满足平台制定的分成条件：

类型	渠道	发布视频数量	其他条件
推荐渠道	今日头条	10	被推荐视频超过 10 个可申请分成
	天天快报	20	被推荐超过 20 个可开通分成，原创更佳
	一点咨询	30	帐号开通不低于 30 天，被推荐不低于 25 篇可开通分成
视频渠道	优酷	每天上传	帐号 5 级申请视频创收开通分成
	腾讯	每天上传	娱乐搞笑类有分成
	爱奇艺	每天上传	平均每个视频播放量不低于 3000
	搜狐	5	向搜狐小编申请自媒体，成功后可开通
	爆米花	每天上传	需要小编审核
	土豆	30	帐号星级满 5 星，申请原创保护后开通

今日头条在 2015 年制定了千人万元计划，2016 年今日头条 CEO 张一鸣又提出了用 10 亿来扶持短视频原创内容，对原创内容生产者来说都是利好的消息。

例如每个平台播放量为平均一天 1 万，月收入情况如下图：

渠道	日均播放量	日收入	月收入
爱奇艺	10000	15 元	450 元
搜狐	10000	50 元	1500 元
今日头条	10000	20 元	600 元
天天快报	10000	10 元	300 元

以上数据显示，按照在四个平台 1 天 1 万的播放量，一个月的分成收入为 2850 元。再加上其它一些小平台的分成，总收入在 3500 左右吧。分

成当然是随着播放量越高，分成越多。

案例：色神技能

如果每天播放量能达到这个 30 万，每天将近有 700 的收入，一个月今日头条一个渠道收入大概在 21000 元。

目前短视频的内容很多，内容质量也是参差不齐，从长远看，大多数的平台还是会重点扶持那些真正有好的内容策划、制作的内容且也会给更多的扶持。而有些所谓的"原创"内容也会慢慢地被用户和平台抛弃。

4.3 如何通过广告植入变现？

短视频作为载体，广告形式可以多种多样：冠名、口播、植入、定制、插片等。2016 年已经有广告尝试与短视频合作，但是还是有相当大部分的广告客户处于观望状态。就短视频广告投放来说，目前的量并不大，但是未来的潜力很大。

短视频的灵活度高，它的制作周期短，有很大的灵活性，这一点能够很好地配合广告客户做好整体营销计划。

短视频的互动性高，短视频一经推出可以在短视频得到用户的反馈且能够与之互动，这样就能够有效地了解消费者的体验与感受，便于开展接下来的营销与推广。

短视频非常便于植入，通过一些生动有趣的内容将品牌理念融入，可以传递品牌精神，也可以避免广告所带来的太硬的缺点。这点同时可以增加品牌的粘性。

短视频所具备的多元营销服务，企业或者品牌在营销上，一般会需要宣传企业品牌形象、发布企业销售信息、进行客户关系管理、进行市场调研、进行危机公关活动等。这些短视频都可以完成，真实达到多元化的操作。

1）垂直类短视频更具商业性

目前市场上我们熟悉的短视频多为娱乐化搞笑的内容，实际上垂直领域的短视频也在渐渐兴起，比如家庭神技能展示，比如生活医学知识，比如母婴、两性关系的专业知识，比如一些理财知识的短视频都已经成为垂直短视频早期的形式。这些垂直领域的短视频更具有商业性，更容易挖掘其商业变现的潜力。接下来无论在内容还是流量方面垂直类短视频将更受欢迎。

在这个前提下，2016 年部分品牌客户已经开始尝试短视频内容投放，相信 2017 年平台方、广告客户、内容创作者共同完成一个短视频的商业模式已经逐渐确立，一些电视广告的预算会转移到线上的短视频中来。

对于广告主来说，为了事先广告效应的最大化，移动视频收视日益增大的情况下，将广告费用投放过来是趋势。随之出现的是两极化的现象。电视上的热门剧集与热门综艺一定会继续被一些大企业、大品牌所占有。而一些相对小型的品牌就会选择更有效果的营销方式，精准并且具有体验性的将粉丝拉拢过来，其中借助短视频就是一个很好的方式。

在短视频作为营销工具的同时，它的内容与品质必然将大大提升，与此同时也能提高短视频的播放量。这样的态势下，短视频与广告主就会形成一个良性的循环，对双方来说都会拥有一个全新的成功案例。

2）泛娱乐短视频广告如何创新

虽然泛娱乐短视频在广告层面的针对性相对弱，但是其点击率并不少。市场上仍然保持着对于搞笑内容需求。所以创新模式在这里起到了关键作用。

用目前成功的一个短视频 IP——雕兄大电影举例：

雕牌雕兄说是纳爱斯旗下雕牌新创的一个 IP，推广雕牌的"新家观"。"新家观"是在 2016 年三月女王节推出的关于年轻人对于家庭生活的理解和观念。"雕兄大电影"的短视频很好的传递了"新家观"的理念，可以说是雕牌年轻化转型的一步。由于"新家观"在 2016 年一炮而红积累了群众基础，雕牌没有像去年那样大面积做品牌广告，而是将主阵地放在社交媒体，雕兄拟人化的形象赚足流量和口碑。这也是传统广告转向社交

• 图片来源于网络

媒体上播放短视频广告的成功案例。

　　雕牌不仅设计了雕兄独特的 IP 形象，还开设了"雕牌雕兄说"微博账号，以人格化的方式与网友互动。这个账号从 2016 年 2 月 14 日开始运营，目前已经有 60 万粉丝，每一条微博发出去之后，在短时间之内就能获得上百评论和点赞，是一个高活跃度的账号。在内容运营上，雕牌围绕雕兄 IP 孵化出丰富的内容呈现在网友面前。不仅以"diao"为关键词制作了 10 条短视频在网络平台上播放，还制作了一个雕兄自我介绍的 RAP 视频引起年轻人的共鸣。目前，微博传播的短视频的点击量已经超过了 5000 万的播放量。

　　雕牌打造自有 IP 的好处是可以与品牌捆绑在一条线上，可以长效的积累粉丝用户。不仅如此，IP 形象的运营手段很多元，雕兄可以有几十种方式呈现在受众面前，而且有更大的空间去发挥形象代言人的作用，IP 形象妥善经营甚至可以跨界做周边产品。

　　"雕兄"的案例给了短视频原创生产者在 IP 定制上的启发，一些原本做搞笑类视频的团队可以为广告主、品牌方定制短视频 IP。广告商在短视频方面的投入，已经慢慢开始产生巨大的变化，从原来粗放型广撒网式的追求曝光率，到现在以高度定制化、高质化、高流量化，以大批量资金集中打造单个（系列）短视频换取在海量短视频中的拔尖效应。同时，短视频也不再是单独作战，而是作为集团军中的一支精锐部队，配合图文、Banner 等其它形式打营销大战役。

特别是一些需要转型的老牌企业，为了开发年轻消费者，在互联网开拓新传播口是非常有益并且有效的。

4.4 如何通过电商变现？

电商变现也是目前创作者最常用的变现手段，但电商转化率较高的多集中时尚、美妆、美食、星座等垂直领域，其他品类的电商转化路径仍在探索之中。

网红短视频 IP 罗休休成为微视十大网红后，联合淘宝"达人淘"频道，上线"二休小铺"淘宝网红店，从频道到电商成交转化率比同行高 1.5-2 倍。罗休休根据粉丝喜好而开发的 C2B 定制化产品，通过研究粉丝的消费数据，实现快速反应的 C2B 模式，幕后是益海嘉里、中粮、韩国第五大化妆品牌公司来供货，保证正品和质量，基本能够实现完备与快速反应的网红供应链。

另外一个通过短视频转换为电商的 IP 就更有名了，它就是"一条"。

"一条"创办于 2014 年，主打生活类短视频，创办人为《外滩画报》前总编徐沪生。让很多人知道一条的平台是微信公众号，以每天一条的节奏，发布原创短视频。一开始一条主拍民宿，因为视频非常专业、精致受到很多人的推崇，他们也渐渐开始朝匠人精神、生活方式类视频发展，包括生活（美食、酒店、汽车、小店美物等等）、潮流（女性时尚、男性时尚、美容）、文艺（建筑、摄影、艺术等），"一条"也形成了自己的品位，或者说他变成了品位的代表。慢慢地"一条严选"诞生，意在为用户

• 图片来源于网络

选择商品。截至 2017 年 4 月，一条的公众号俨然是一个电商的入口。

　　一条生活馆包含了数码家电、服装美妆、图书文创、家居用品、厨房美食的相关产品，并且通过公众号向已有粉丝推荐商品。对已经认同了一条理念的粉丝来说，购买他们推荐的商品说服力非常大。当然一条另一项收入来源也是广告，采取一条视频 100 万的价格定制拍摄。

　　"一条"目前的基础用户 2000 万，日收入近百万，正因为相对成熟的商业模式，他在 2016 年也已经获得了 B+ 轮融资。

4.5 如何获得资本？

　　短视频创业中，资本也看中了它的价值与发展。如果你是一个成熟的短视频 IP 或者整体的运营内容与模式初具规模，资本的进入将是 IP 发挥最大化的有力支持。

从投资方向来看，内容制作、综合平台 / 社区是短视频行业两大热门投资方向。

内容方面，垂直领域的创业者尤其受到资本关注，培育与挖掘的力度也在不断增大。

分类	机构	轮次	金额
母婴	奇遇记 meet	天使轮	数千万
搞笑	PAPI 酱	天使轮	1200 万
综合	VS Media	天使轮	数千万
生活	即刻视频	天使轮	1300 万
旅游	旅行者镜头	天使轮	数千万
美妆	尚脸科技	天使轮	300 万
搞笑	星座不求人	天使轮	960 万
母婴	壹父母	天使轮	数千万
汽车	30 秒懂车	pre-A	1500 万
生活	罐头视频	pre-A	2000 万
文化	鼹鼠文化	pre-A	1000 万
动漫	以梦为马	pre-A	650 万
综合	优匠传媒	pre-A	1000 万
搞笑	陈翔六点半	A 轮	千万级
生活	二更视频	A 轮	5000 万 +
财经	功夫财经	A 轮	1500 万
娱乐	何仙姑夫	A 轮	2260 万
美妆	化妆师 MK	A 轮	500 万

综合	米未传媒	A 轮	1 亿
生活	微在公司	A 轮	1000 万
艺术	意外艺术	A 轮	1300 万
美妆	快美妆	A+	数千万
美食	日日煮	A+	3500 万
美妆	美课	B 轮	500 万美元
美妆	抹茶美妆	B 轮	1000 万美元
母婴	青藤文化	B 轮	3500 万定增
娱乐	橘子娱乐	B+	1000 万美元
生活	一条	B+	1 亿
美妆	美啦	C 轮	1200 万美元
综合	新片场	C 轮	7000 万定增

据"一下科技 2016 白皮书"中统计从 2016 年看资本选投的短视频创业项目看，基本在垂直领域，仅有 5 笔在泛娱乐内容。垂直领域更容易在衣食住行方面实现商业转发，这是资本更偏爱的很大原因。

数据来源：一下科技 2016 白皮书

商业模式是资本市场重点关注的方向，例如 2016 年获得 A 轮融资的二更，其商业模式则相当成熟。

二更创办于 2014 年，与一条相同，这从另一个侧面看出，一个好的 IP 也需要一定时间的累计。二更也是借助于微信公众号开始发展他的二更视频，目前粉丝达 1300 万，在腾讯、优酷等视频门户及微信公众平台、新浪微博等移动客户端也拥有上千万垂直粉丝，全网视频播放量超过 7 亿次。二更目前已经拥有五个分公司，员工超过 300 人，分布在北京、上海、广州、深圳、杭州。就这些数据与资料看，二更的商业发展潜力相当大。

1）多个 IP 串联产业链

二更不光自己是一个 IP，还另外孵化了二更视频、二更食堂、更城市以及两个人物：食堂君和小堂妹，也就是有两个人格化的作者写原创文章，将二更塑造成具备两种人格化的自媒体。二更目前运营的公众号有六个之多。

二更的用户定位为大学生、职场人群、24 至 30 岁之间的北上广深女性。这群人追求品质生活，接受过城市文化洗礼，拥有一定消费能力。

二更很好的整合了营销体系，整合视频产业，增加业务模块，串联产业链，增强商业壁垒。

2）签约作者成为平台

对短视频内容生产团队来说，如果不断的更新与产出是一个很大的问题，二更在解决这个问题上采用了非常好的平台方式。也就是二更并没有简单的将自己定位为一个公众号，找几个人撰写内容维持产出，而是签约了 200 个左右的签约作者，其中每一位作者本身都拥有数万粉丝，通过二更的推送进一步得到曝光。

二更将自己从一个乙方的位置转换为甲方。简单来说，如果二更是一个公众号，那么它赚的是广告用户的钱；变成平台后，他成为甲方，赚乙方（签约作者）的钱。

如今，二更通过这样的模式，将自己的品牌孵化成为 IP。再而打通发布渠道，据了解，其在腾讯 QQ、腾讯游戏、腾讯文学、腾讯娱乐、腾讯漫画等平台都有内容发布，渐渐形成二更想要成为的巨型 IP（电影 + 电视剧 + 音乐 + 漫画 + 游戏 + 图书）。

不断扩大，继续更多轮的引入资本应该是二更的野心。

4.6 用户付费

用户付费的模式目前已经使用在微博、微信、各类平台的文字内容、广播类节目甚至视频中。但是用户付费是一个需要长时间培养的习惯，它目前是一个掌握用户粘性程度的工具。可以说，短视频用户付费更大意义还是粉丝忠诚度的考量。

用户付费要成为一个收入来源的主要部分仍然需要长时间的培育期，让用户慢慢形成付费的习惯，就目前而言这部分的收入仅仅是杯水车薪。

短视频作为一个新型产业，经历了 2014 年的萌芽期，2015 年的孕育期、2016 年的生长期，到 2017 年必定会进入洗牌的过程。

在洗牌的过程中，如 papi 酱、陈翔六点半等网红型 IP 也将慢慢转化。原因是这些内容的核心是出镜的这个人，是用户在提及节目时第一时间能反应过来的品牌形象。但真人形象会给内容产品带来不稳定性，万一人走了这个 IP 等于结束了了，而且延展性不佳，不容易沉淀价值成为长期品牌。所以抽象的形象或者二次元形象甚至一个 LOGO 将更具有延展性。

同时，跨界的短视频也将层出不穷，做漫画的，做传统相声、小品的都有尝试短视频的基础条件。全民短视频的时代即将到来，这也是一次新媒体传播方式的变革，有多少人加入新的舞台，有多少人脱颖而出，我们也将拭目以待。

第四篇

利用直播时代红利打造 IP

谢泷纲

　　直播教头，代言人直播学院创始人，中国微网红创始人。英国利物浦大学电子商务硕士，欧美同学会黄浦区分会理事，上海对外经贸大学客座教授。14 年互联网市场运营管理从业经验，擅于营销战略规划和资源整合。

　　因为疯狂的、彻夜不眠的拜访深谈各类营销大咖，朋友赠送外号"营销花痴"，最近痴迷直播和 IP，，经过一段时间研究、实践、探索反复的验证，目前主播徒弟过百，多数通过直播已经可以做到月收入过万。

1. 直播机会到底有多大？

1.1 直播产业现状分析

据中国演出行业协会发布的《网络表演（直播）社会价值报告》显示，2016 年我国网络表演（直播）整体营收达到 218.5 亿元，平台数量 250 多家，用户规模 3.44 亿。月活跃用户高达 1 亿，网民总体渗透率达 47.1%，其中 30 岁以下网民渗透率 73.6%。用户总数较 2016 年 6 月增长 1932 万，且规模还在持续增长。直播产业在 2016 年上半年逐渐受到社会重视，并在资本力量的推动下实现了快速发展。

从两点来判断直播会成为未来企业和个人必争的市场和舞台：

1）**直观感性的媒介**：直播是更感性的媒介形式，具有更高的娱乐性，直观度，社交属性，互动性。

2）**抢占用户时间**：直播必将更占用人的时间。而到了移动互联网时代企业竞争的关键就是抢占用户的时间。

1.2 直播电商销量惊人

·今年 9 月，网红雪梨在秋新势力周直播时，1 个小时内，销量便超过了去年本店双 11 的成交。张大奕更是在直播上新 2 小时内，卖货近 2000 万元。

·来自蘑菇街的数据显示，在这场完全由在

直播平台数量

250⁺ 家

平台市场规模

218.5亿

平台用户规模

3.44亿

·直播行业发展概况

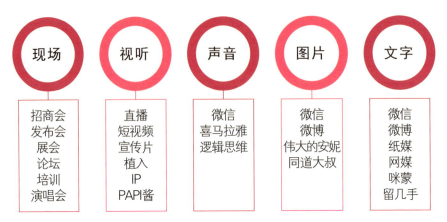

现场	视听	声音	图片	文字
招商会 发布会 展会 论坛 培训 演唱会	直播 短视频 宣传片 植入 IP PAPI酱	微信 喜马拉雅 逻辑思维	微信 微博 伟大的安妮 同道大叔	微信 微博 纸媒 网媒 咪蒙 留几手

· 媒介传播形式的演进

线直播的形式完成的电商促销中。当天 16 个小时的持续直播带来的成交额，达到了平时的近 3 倍。

·6 月中旬的电商大促销，苏宁易购邀请十几位人气颇旺的"网红"代言。在直播间里，斗鱼女主播冯提莫在直播中推荐的联想 ZUK Z2 手机，1 小时内预约量突破 10 万台；YY 红人沈曼推荐的百草味美味零食，也在 20 个小时内，取得了同比去年销量增长 5 倍的好成绩。

·网红张大奕通过淘宝直播已经取得销售 7 个亿的成绩！

·据第一财经商业数据中心近期发布的《2016 中国电商红人大数据报告》显示，2016 年红人产业产值预计将接近 580 亿元。

也许您以为这些都是明星效应或品牌效应，实际上当直播大潮来的时候，一大批优秀的素人主播也脱颖而出成为电商直播界的大 IP。拥有众多的粉丝，并且转化率惊人！

典型案例：

淘宝大主播–薇娅 viya，在 2017 年 2 月 27 日的淘宝达人学院里，薇娅不用淘宝任何流量支持，当着众达人学员现场做了一个＃抽奖＃薇娅零食狂

• 打开手机淘宝扫描二维码可以观看当天直播回放

欢日嗨起来的主题直播，直播持续三小时，创造了 41.11 万人观看，在线成交 11 万单的惊人战绩。在现场的直播达人对这个战绩无不感到非常震撼！

1.3 直播打赏金额巨大

• 奥运会选手傅园慧的直播首秀实现累计观看人数 1055 万、吸金 32 万元。

根据花椒直播礼物榜单的公开数据，仅花椒 1 年就让网红主播净赚 15 亿元！

• 从花椒平台收礼榜单可以看到，前 100 名主播月收入均超过 10 万，而月收入过万的主播超过了 1 万人。不完全统计各主播平台总计月收入过万人数至少超过 40 万人！

直播就像一块很大的蛋糕，面对如此甜蜜的诱惑，谁不想要来分一块品尝呢？而前面分析过，现在已经到了视频媒介更容易抢占用户时间的时代，可以预见未来的网红和 IP 将有 70% 以上会从直播和视频领域涌现出来。

2017 年被称为是互联网直播元年，关于直播的发展历程及发展趋势可从下图中窥知一二。

2月，欢聚时代推出ME直播
3月，欢聚时代向知牛财经注资10亿
5月，一直播上线
6月，淘宝、蘑菇街、聚美直播上线，途牛影视与花椒达成战略合作
7月，苏宁直播上线

2008年
9158视频社区推出
推出YY客户端（PC语言社区）
2009年
六间房秀场上线

2014年正式推出秀色秀场
1月，战旗直播、斗鱼直播同步上线；6月，Imba直播成立；7月，么么直播正式上线；10月，火猫直播上线

PC直播起步　　游戏直播爆发　　垂直直播崛起

2008　2010　2014　2015　2016

直播移动化　　移动直播爆发

2010年
YY推出移动YY
2012年
风云直播和Mars直播上线
2013年
来疯直播上线
六间房推出移动端

2015年
1月，YY游戏直播更名虎牙直播
2月，龙珠直播上线
4月，章鱼直播上线，进门财经直播上线
网易新闻与腾讯新闻推出直播功能
5月、6月，映客直播、花椒上线
7月，触手直播正式上线
10月，熊猫直播上线
12月，全面直播上线

• 移动视频直播行业的发展历程

　　从上图可以看出早在2008年9158就推出了视频社区，但视频直播真正爆发却在2016年。除了秀场形式，电商直播，内容直播和各类泛娱乐直播开始百花齐放，争奇斗艳。

- 短短8个月，**映客直播**的估值已上涨至**70亿**元。
- **斗鱼TV**15亿C轮融资，估值已达**100亿**元。

- 截至今年6月底，我国网络直播**用户规模**已达**3.25亿**。
- 在**网民总数**中占据**45.8%**，且规模还在持续增长。

- 有统计显示，去年各路**资本投资直播行业的金额达到120亿**元。
- 而在**国内已知的116个**直播平台中，**有108个已获得融资**。

· 直播的井喷式发展

2. 几大直播平台的分析

　　既然已经对直播的现状及发展也有了一些了解，接下来我们讲讲直播的平台选择。但是直播的平台那么多，怎样才能更加准确的找到适合自己的平台呢？别着急，往下看，我们用四张图为你分析：

我们把直播平台分为四大类：泛娱乐类、游戏类、版权类、垂直类。

并对四大类直播平台的用户、主播、发展分别做整理和对比：

直播类型特征对比

在线视频直播

泛娱乐直播

用户特征： 全民用户，用户门槛低，互动性强
主播构成： 全民主播；职业主播；明星主播
营收方式： 用户打赏；广告收入

游戏直播

用户特征： 以游戏玩家为主，用户黏性较高，观看时间长
主播构成： 全民主播；职业主播；明星主播
营收方式： 用户打赏；广告收入

版权直播

用户特征： 全民用户，观看为主，互动频率较低
主播构成： 以活动内容为主，主播参与占比较小
营收方式： 内容付费；广告收入

垂直直播

用户特征： 目标用户明确，垂直度较高
主播构成： 各垂直领域KOL
营收方式： 内容付费；广告收入

• 直播内容不同类型差异化对比

• 来源：艾瑞咨询研究院自主研究及绘制
2017.3 iResearch lnc.
www.iresearch.com.cn

四类平台在用户特征、主播构成、发展阶段方面差异性均较为明显。但随着泛娱乐平台变现优势的显现，其他平台逐渐加入泛娱乐内容板块，与此同时，泛娱乐直播为提高流量及用户黏性，也开始涉猎垂直直播及版权内容，直播平台内容逐渐向综合性发展。

直播领域各类型项目数量

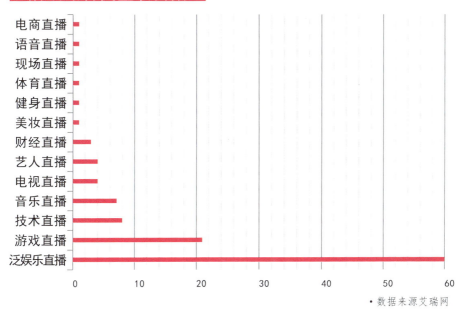

200+ 直播平台分类及分布状况

用户观看主流直播分类

1. 泛娱乐直播，为最主流的网民关注类直播

　　生活场景直播、展会活动直播、户外景点直播等，典型如映客、美拍、花椒、快手、Bilibili 直播等；

2. 游戏直播

　　如斗鱼 TV、虎牙直播、熊猫 TV、战旗等；

3. 秀场直播

才艺和各种达人直播，典型如 9158、YY、六间房等；

4. 电商直播

淘宝直播、一直播、咸蛋家、天猫直播、聚美直播、唯品会直播、蘑菇街直播、优酷、来疯等；

2014-2016 年泛娱乐直播平台季度获投资事件统计

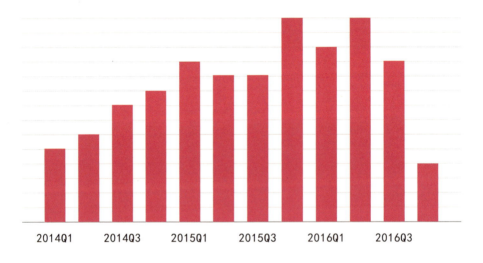

| 2014Q1 | 2014Q3 | 2015Q1 | 2015Q3 | 2016Q1 | 2016Q3 |

2017 年泛娱乐直播平台季度获投轮次统计

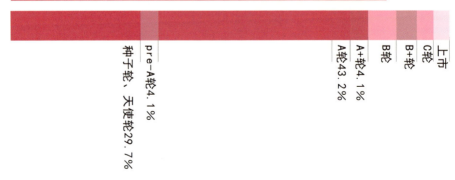

种子轮、天使轮29.7%

pre-A轮4.1%

A轮43.2%

A+轮4.1%

B轮

B+轮

C轮

上市

• 来源：根据公开资料整理　2017.3 iResearch lnc.　www.iresearch.com.cn

3. IP 如何利用直播传播个人品牌

3.1 直播对个人 IP 品牌打造的价值

在这样个人力量崛起的时代，从屌丝到大神都想要红，比如说马云、王思聪、王健林……这些人不差钱但依然努力宣传自己！生活大爆炸之后，品牌传播还停留在昂贵的广告费和代言费？商业嗅觉敏锐的成功企业家给了我们很好的启发，举一个案例来说明一下。

案例：

2015 年 9 月，万达西双版纳国际度假区要开业了，王健林想了想，怎么打开知名度？想到上海迪士尼也快竣工了，于是，王健林开始公开叫板迪士尼。当然说的挺委婉，只表示万达文化旅游板块要和迪士尼竞争。这话说出去不温不火，没什么效果。后来王健林画风一转，突然强硬起来。在央视的节目里喊：要让迪士尼中国在未来 10–20 年都无法盈利！

这话一出口，听到的人都被王健林的民族气概感动了，网民集体摁下了转发键，人人都知道王健林造了万达城。原本需要数亿元广告费才能解决的品牌传播问题，王健林动动嘴皮子就轻松解决了。这一点万达最牛逼的品宣也比不了，他们即使想出了 1000 条牛逼的标语，能火遍全中国吗？

同样出名的还有他的"先定一个亿的小目标"，以及还有董明珠的宣言："让世界爱上中国造"，但更重要的是他们都为自己的公司制作了非常火爆的话题。

3.2 个人品牌和直播平台的关系

国际公关公司 Weber Shandwick 对全球 500 强企业 CEO 社交网络化调研表明：2010 只有 36% 的公司 CEO 是网红企业家，而 2015 年这个占比是 80%。

老板即品牌，是品牌更具人格魅力的形象代言，老板聊聊用户关心的事，拉近品牌与用户的距离……

举例说明：联洋总裁杨元庆从联想 TechWorld 现场和粉丝互动。从北京时间 6 月 10 日 0 时到凌晨 5 时，持续长达五个小时的直播。共有 200 万人在线观看。这对企业带来的影响力有多大，在这里就不多说了。

除此之外，马云、雷军、王思聪等人都是企业网红大 IP 中的一员……

网红影响力依次为：

1）：明星（网红化）代表：薛之谦，贾乃亮，蒋欣

2）：KOL 网红 代表：罗振宇，韩寒，彬彬有礼

3）：企业家网红 代表：王思聪，罗永浩，雷军，陈光标

4）：泛娱乐网红 代表：Papi 酱，艾克里里，喵大仙

5）：事件炒作网红 代表：凤姐，芙蓉姐姐，叶良辰

6）：才艺型网红 代表：颜语利，BabyJ

7）：素人网红 代表：丁晞文，小狐仙儿

个人品牌与时代的发展密不可分，早期网络作家时代诞生了痞子蔡《第一次亲密接触》，宁财神，李寻欢，安妮宝贝等人。后续 bbs 时代出现了天仙妹妹芙蓉姐姐，犀利哥，小胖等；微博时代很多企业家和明星因此成为了跨界"网红"如姚晨，李开复，王思聪；微信时代则咪蒙，凯叔讲故事，年糕妈妈，同道大叔红遍天下；视频直播时代张大奕，雪梨，papi 酱，ayawawa，Miss，傅园慧成为了借此名利双收的"网红"。

而我们直播视频时代才刚刚开始，未来必将涌现出更多的 IP，在这个时代我们人人都有机会，那么我们怎么成为下一个超级 IP 呢？

4. 直播打造个人 IP 的正确打开方式

从来没有一个时代让信息的传递可以如此迅速，人和人之间可以组成一张硕大无比的人联网，但这个人联网依然摆脱不了人以群分的人性，甚至还更加放大了这个人性。

互联网的去中心化导致这个时代基于不同的兴趣和价值观分成了无数个圈层，不同人群和需求再也无法通过一个电视台，一张报纸而一网打尽，不同人群之间只能通过大的连接点来渗入，这个连接点就对应着不同的 IP 偶像和新权威。能输出价值观的网红 IP 在移动互联网时代扮演的是引领消费，是使人获得精神溢价的重要连接点。

笔者一直试图总结打造个人 IP 是否有通用的方法论（尤其是在直播时代），过程中查阅了大量的网上资料，始终觉得并不够过瘾。总结了公司团队多年来服务品牌客户的经验，终觉得略有心得，接下来分享探讨一下笔者对于打造 IP 的观点。

4.1 个人 IP 定位：

你若盛开，蝴蝶自来

了解如何经营虚拟的自己，挖掘自身价值，包装自己，营销自己

我是谁？我哪方面专业？我的符号标签是？我可以持续输出的价值是？

可以用一个方法来更好的了解自己。拿出一张纸笔，用 5 分钟的时间快速造句

我是一位 _____ 造十个句子。在造句过程中你将更了解你的内心深处。

造好这十个句子后，我们再做一轮筛选，去掉 7 个句子，最后只保留三个。留下来的应该是具有以下特点：

1）最适合做 IP 的个性

虽然性格和个性不分好坏，但现实生活中的确不是什么个性都容易被别人记住！有些个性可以快速的吸引人关注和讨论，有些则不能。个性是成功者的"通行证"，平庸是失败者的"墓志铭"

哪些个性更容易让人印象深刻，能在人群中脱颖而出？

为什么《人民的名义》火了达康书记？《欢乐颂》火了曲妖精和安迪？

2）个人 IP 的特点

有些人的确在某些方面很有天赋，无需很多培养即可达到别人望尘莫及的地步。您是否具备超强的个人特点？你需要将最有代表性的，最具特点的那个点进行放大

比如美食达人大胃王密子君，一次在微播易年会上笔者现场听到主持人采访她，她做的最 NB 的直播是什么？她回答"干撸八斤白米饭，连酱油和咸菜都不用"当时笔者就震惊了，每次我对外演讲都会讲这个女孩的例子，至少帮她宣传了几千人了。

3）个人 IP 的资源和品类

品类是个人 IP 最应该思考的问题，自己的兴趣在哪，定位在哪？所面对的圈层是谁?

抢占心智缺口

在信息碎片化时代卡住品类，抢占心智尤为重要，消费者没时间精力听二次解释

以往有些品牌成功的占据了消费者品类心智：

康师傅 = 方便面 饿了么 = 外卖 摩拜 = 共享单车 九牧王 = 男装

品牌的最高境界是品类，个体品牌今后的趋势代言新品类

李开复 V ✓ 已关注

♂ 北京 东城区 http://weibo.com/kaifulee

创新工场董事长兼首席执行官

关注 547 ｜ 粉丝 5044万 ｜ 微博 15189

创新工场 V ＋关注

♂ 北京 海淀区 http://weibo.com/u/2962715680

创新工场官方微博

关注 404 ｜ 粉丝 9万 ｜ 微博 2213

最新微博：【前豌豆荚丁吉昌：一颗"老豌豆"的七年创业总结】从创新工场到豌豆荚，丁吉昌参与了豌...

在新媒体时代，个人 IP 比品牌更有优势！

举例为证：微博大号李开复老师个人微博粉丝 5000 余万，而他的公司微博粉丝只有 9 万！相差了 500 多倍！

人们更愿意去关心一个活生生有温度的人，而不是企业品牌。所以，个人 IP 应该以人格为核心，粉丝关注的是网红这个有温度的个体，而不仅是分享的内容。

有温度的个体应该真诚而有趣，比如 big 笑工坊的节目制作者唐唐经常自黑，粉丝也经常以说他冰魄银针为乐。追风少年刘全有，粉丝也经常调侃他，这就是年轻人喜欢一个有趣帐号的表现，粉丝特别喜欢在评论区逗 IP 主角，揪小辫子，而不是一味的赞赏。

网红就是一场真人秀，差异化应该无处不在，应该不断调整和改变。90 后需要即时反馈，我要就要立刻要 需要通过网红视野认识新事物。

互联网时代是情感溢价，普通的橙子卖不动，褚橙价格虽然高，却被一抢而空。

性价比已经不是消费者最重要的选择指导要素，现在消费者愿意为情感付出溢价。

消费者投入的情感越多，溢价对他们来说也变得越合理

我们每个人潜意识里都想跟高价值的人打交道，所以个人 IP 要结合自己的资源，背景，圈层，学识，环境等考虑如何持续输出有价值的内容，服务，机制来提升粉丝的时间效率或帮他们消磨时间。好的 IP 内容是可参与，可连接，可变现，可识别的。

案例 迈克尔 . 史蒂文斯 (Michael Stevens)

Michael Stevens 是 Vsauce 创办人，世界上最受欢迎科学教育类网红。在 Youtube 上，Vsauce 有 1300 万粉丝和 10 亿次播放量。

眼睛的分辨率是多少？影子有多重？为什么很多事情显得很诡异？为什么感到恐惧？假如你出生在太空……

Our world is amazing!

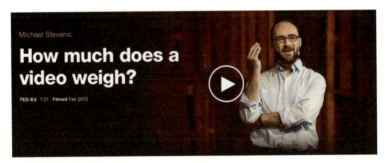

问一些很奇怪的问题，吸引用户的注意力。激发好奇心是很好诱饵！问一个的问题，哪怕这个问题看上去很奇怪，但你却可以借这个问题深深牵引住观众。续而，填补观众心中对知识的渴望，让事实和点子更有创意。

为了喜欢疯狂的人共同追随有趣的话题。他最初一周做三个视频，90% 做得不满意而烦躁，但他认为必须先做出东西来，这才是进步的好方法。

我在给主播学员培训的时候会布置一个作业请学员录一段自我介绍的短视频，总会有学员有各种理由没完成，比如灯光太暗，状态不好，今天不是最美的等等借口。我们都希望做出完美的作品，但完美的作品是要靠不断的积累才可以的，所以我强烈鼓励大家千里之行始于足下，先行动比完美更重要！ Michael Stevens 通过有趣的问题来进行科学教育，有效的称为该品类的第一 IP，非常值得我们借鉴！

4.2 个人 IP 粉丝画像：

粉丝画像：我为谁？粉丝是谁，粉丝从哪里来，粉丝想去哪里

首先我来谈谈我对于粉丝的理解，我认为粉丝从低到高依次是：

有了这个清晰的认识，我们就更清楚我们的精力应该重点放在哪类粉丝身上！

> 具有一定情怀＜品牌认识度高＜付费意愿度强＜愿意口碑推广＜愿意生产内容的人

粉丝画像不仅是以往市场人经常用到的用户分析（以往我们仅仅从用户的性别，年龄，收入，地区等方面做相对粗浅的用户画像），直播 IP 的粉丝因为具有强互动性，我们更需要知道屏幕背后的人的特点，画像要精准到我们虽然在直播间面对成千上万的观众，却好像是那个粉丝就是一个人，就在你的面前，你用 TA 理解的语音，喜欢的表达方式来和 TA 交流。

举例：如果您的 IP 定位是妈妈群体，那么您首先要了解这个群体的刚需是什么，共性的问题是什么。那么首先我们可以去多研究这个群体的分析报告：

2017 年 5 月 12 日，全国首份《中国妈妈"焦虑指数"报告》发布。数据显示，上海的妈妈们最焦虑。从事金融行业、互联网行业和全职妈妈的焦虑指数位居前三。妈妈们缓解方式心照不宣——购物，哭与吃零食也是她们调节焦虑的主要方式。

其中 80 后妈妈最焦虑。妈妈最关心的三个问题：小孩健康，教育，夫妻关系。其他问题还有学区房，子女入学，老人赡养，二人世界维持等

妈妈最焦虑的关于自己的前三问题是：发胖，衰老，时尚的滞后。其他的焦虑问题还有更年期，妇科，加班，晋升，歧视等。

通过以上的报告，我们就可以根据自己的特长来进行粉丝定位。

比如： 定位在 80 后妈妈，对时尚滞后焦虑的群体

4.3 个人 IP 的价值输出：

我和粉丝的关系：我能为粉丝做什么事情？我怎么通过粉丝制造传播？我希望让粉丝感知到什么？粉丝运营的关键在于洞悉人性，你以为粉丝在追超级网红，实际上是超级网红在追着粉丝的需求不断对自己进行迭代。

案例：ayawawa- 情感教主

ayawawa 被誉为情感教主，是目前国内情感类直播的代表人物。她在一直播上粉丝超过 288 万！她的微博与直播都展示真实有温度的人格，从生活趣事，照片到视频，个人化气息非常重。

·红的背后有 ayawawa 的一套价值观，她有一套非常经典的价值输出论，比如观赏价值论（即颜值），情绪价值论、实用价值论。同时，Ayawawa 每天坚持 2 个小时与粉丝互动，互动即服务！互动即价值输出！

4.4 培养直播个人 IP：

时代变了，70% 以上的热门人物都是通过短视频火起来的，如傅园慧、papi 酱、蓝瘦香菇……他们都有一个共同的称呼：网红。"最好的投资是给自己的"，想红吗？那么机会来了，接下来的内容会教你怎样打造自己的直播 IP。

Step1：培养网感

网感听起来是一个很玄的感觉，但实际上各行各业的顶级高手到了一定的境界都是训练自己的感觉。比如篮球，足球某个明星发挥的好，就说他今天手感（脚感）热的发烫。

"网感"是什么？很难有人给出一个明确的概念，借用一位知乎大神的观点，传统意义上的"有网感"指的是两点：

1)：你对网络的关注度，是不是能时刻能创作出与现今网络流行趋势相匹配的的东西来；

2)：拥有网络文学的逻辑，比如二次元。

曾打造过《花千骨》和《重生之名流巨星》唐丽君就对"网感"提出了更加具象的解答。她认为，要想把握网感，首先就要有年轻的心态。唐丽君拿自己的代表作《花千骨》举例，他们追求便捷、不复杂、好玩的方式，弹幕、表情包、鬼畜视频、gif 动图、饭制宣传片、同人小说，都是年轻人玩的范畴，像《花千骨》就是被年轻人"玩红"的，"因此我们要多跟年轻人交往。"

1）了解什么东西会被分享（研究大号及十万加阅读量文章的标题，封面图片）

练习：学会收集分析案例的方法

2）学会玩，互动（表述方式的习惯养成，机智的回答网友的问题）

练习：上直播平台 + 手机视频自拍

3）参考帐号（帐号清单）——收集有意思的帐号，并分析，学习，模仿——

问问你的目标客群她们都喜欢看什么主播，什么公众号，什么网剧，什么短视频。去收集，整理，分析这些帐号的共性。

4）提炼自身卖点，找到适合您的直播内容

练习：上直播平台做直播（如果一般的个人 IP，建议用花椒、一直播。如果希望做成电商 PGC 节目则使用淘宝直播）

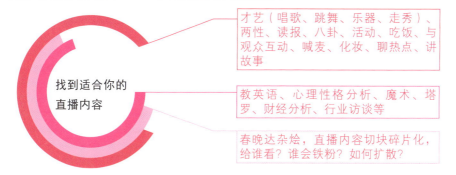

找到适合你的直播内容

才艺（唱歌、跳舞、乐器、走秀）、两性、读报、八卦、活动、吃饭、与观众互动、喊麦、化妆、聊热点、讲故事

教英语、心理性格分析、魔术、塔罗、财经分析、行业访谈等

春晚达杂烩，直播内容切块碎片化，给谁看？谁会铁粉？如何扩散？

Step2：正式开播

值得注意的是： 如果你并不是一个成熟的 IP 或网红，开始的一周至少要连续播 5 天，以便确定和强化直播的表述方式，获取第一批种子用户。

实名认证啊第一步，必须要认证后才有资格上热门

没有实名认证的直播，每次开播都会提示你提交实名认证。提交认证图片的时候务必注意：

01：身份证上的字必须清楚。

02：必须双手手持拍照。找个人帮你拍。

03：身份证放在离脸近的地方，在整个相片的正中央。

04：实名通过后，在个人页面能够看到已经认证为XXX（你的名字）

（1）平台注册，实名认证；

（2）直播间主页的形象设置；

主页的设置需要注意的细节：

· 照片颜值要高

· 名字和简介要简短独特

· 封面图不要用风景图，卡通图，动物图或广告字很多的宣传图，直播平台认为 这些图不合规范，会导致您错过平台的推荐热门机会）

（3）直播间的搭建；

直播间的搭建也并不像你想象的那么简单。 面部光、顶光、反光伞……专业主播有不少都是在设备专业的专业主播间（只是装修的看起来像主播卧室）。甚至镜头的高低、远近，给观众带来的感受都是不同的。

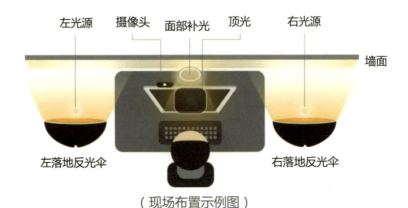

（现场布置示例图）

面部补光：使得面部光线柔和均匀

落地反光伞：避免直射摄像头、人脸，补充室内光线；

顶光：加重脸颊阴影。避免入镜后人脸显胖，并提升室内的亮度

直播时，应看向摄像头，与观众进行眼神交流。
摄像头角度略高于屏幕，且应避免屏幕入镜。

· 灯光是影响视频效果的重要因素

（4）辅助工具助力直播；

非常推荐大家用"专业精神"选择一些辅助工具来助力直播。除非你表现力天生爆棚，不然只是对着镜头讲话和唱歌未免有点枯燥。还有很多辅助手段可以让你的直播过程变得更为精彩。虽然只是增加一些小元素，但是带来的效果确是数倍放大的。这里为你罗列了一些"心机"工具清单，

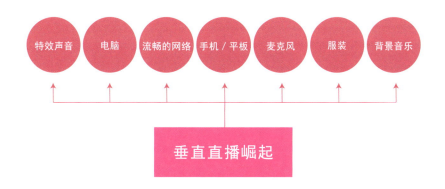

让你的舞台多一些"舞美"效果。

5. 个人 IP 的推广:

有效合理的推广可以帮助你在比较短的时间内迅速积累粉丝,推广的手段有很多,这里推荐几种方法。

5.1 学会执行几种推广方法

5.1.1 策划一场营销活动

可以根据节日,热点,手头有的奖品资源等来策划营销活动。

5.1.2 制作自己的直播 IP 二维码海报,推广小视频

制作个人宣传海报可以在手机应用市场下载"天天向商""微商水印相机""海报工厂"等 APP,可以迅速帮您制作一张专业的宣传海报

制作推广短视频则可以下载"秒拍""美拍""小影"等 APP 来更快速和专业工具来辅助您。

5.1.3 各类外部推广方式结合

1)竞价

关键词排名优化,关键词排名,可以加抓取功能,手机用户信息,微信小号加人

2)广告位

购买高流量网站的广告位,如今日头条,手淘弹窗,以图片形式吸引更多人的眼球

3)微信公众号、小号

微信公众号发文,小号转发,并定时更新朋友圈

4)地方性门户网站

地方性网站主要发布北上广一、二线城市

5)新闻媒体、自媒体、博客

新闻媒体、自媒体、博客以文章介绍形式，关键词覆盖，让人家一搜就可以搜到你的信息。

6）贴吧、微博

自建品牌或IP贴吧，发起人们话题讨论，另外网红招募信息可以置顶；发帖、跟帖；微博图文形式发一些IP热点，吸引更多的人关注。

案例：某主播通过微博推广个人IP方案

5.1.4 微博内容方向

某主播微博——拥有20万粉丝（目标6个月达到50万粉丝）

阶段目标：塑造直播领域最大微博红人KOL

微博内容主要分为以下几个方面：

1）晒生活

2）送福利（定期互动活动）

3）铁粉团（新品尝鲜+晒单）

4）分享攻略

5）发表热点

6）上萌图/美拍视频

7）兴趣话题

5.1.5 内容规划

内容类型	主要内容	频率
晒生活	1.主播日常生活的信息交流/活动/展示； 2.内容真实、亲切、接地气的生活化表达；	建议每周3次 由主播自主更新
送福利	1.微博定期抽奖送福利（关注有奖转发、点赞爬楼、评论抽奖等形式） 2.联合品牌方官微微博活动互动（@转发+送奖品）	建议每月3次

铁粉团	1.# 与主播一起选产品 # 新品尝鲜团——直播商品可优先享受限量免费名额或者。 2.# 啄木鸟行动 # 晒单有礼,铁粉团粉丝晒单、买家秀	建议每月 1 次
分享攻略	1. 时尚趋势(服装、旅游、化妆等)领域的心得、攻略分享;	根据情况每周 1 次
发表热点 / 兴趣话题	类似于 # 某主播说 - 李易峰 AngelaBaby 得百花? #、# 某主播招聘遇奇葩 #	根据情况每月 1 次
视频 / 直播	通过微博分享旅游 / 活动自拍视频植入直播观看或回放链接	每月 4 次

5.1.6 粉丝增长计划(预估)

周期	第一季度	第二季度
粉丝增长量	100000	200000

　　根据目前某主播微博后台数据统计: 1月 -3月粉丝增长量为3645个,单日增长最高1140个,日均增长28个。粉丝增长来源主要是微博推荐。后期运营以内容 + 活动增长为主。所以需要前期的运营铺垫和积累。

　　工作难点 + 突破点:

1.微博粉丝日均增长缓慢。活跃度偏低。需要增加新的活动和互动方式,以刺激粉丝增长复苏;

2.微博粉丝对于某主播微博关注点和兴趣点有待运营测试和观察;

3.筛选适合霏麟的微博话题;

4.微博活动策划的点与某主播本身风格的契合;

5.2 直接用直播平台的规则来获取粉丝关注：

· 上热门，无疑上热门是最快获得关注和吸引眼球的方式

· 搜索，用户可以通过什么关键词找到您的直播间？

· 看别人关注和粉丝列表，看看大号都关注什么人，她们的粉丝是谁？

· 通过直播平台附近的人功能

· 请大主播口头推荐

· 与大主播连麦

· 土豪的打赏吸引别人注意

· 频繁出入热门直播间博眼球

· 发分享红包，限时红包等各种福利

6. 如何上直播热门？

　　既然上热门是最快获取粉丝的方式，每个平台都有自己的热门规则。比如映客上热门是根据多种维度的数据综合而来的。人气和打赏相比，打赏会更重一些，避免有人买人气造成的不公平。另外也会给紫 V 用户更多权重。紫 V 有几种，其中一种就是公司的 CEO 认证等等。

　　注意误区：很多主播都希望上"热一"，以为上"热一"就有更多人进来打赏，其实是打赏最多的主播才能上热一。新人进来气氛还没热起来，没有形成自己的格调和粉丝群体，通常用户打赏欲望极低。

7. 个人 IP 的日常运营：

7.1 粉丝互动，铁粉拉群

　　做的好的主播需要配备专人来负责服务和维系铁粉群。甚至要根据粉丝的活跃度，付费贡献度等进行粉丝群分级。主播应该争取每天至少 30 分钟与粉丝进行情感交流。切记，主播不要亲手做客服！客服要有专人来做。

否则主播的时间利用不充分，而且会让主播心很累！总体来说优质的主播与粉丝的互动是为了促进情感链接－比如有趣的，感动的，有价值的，甚至是调侃打趣的。

7.2 直播现场准备，控制

需要有专门的场控或助播，场控和助播承担如下角色：

A 直播间问题的梳理和主播忙的时候做提醒和在互动区留言简单答复。

B 主播节目流程的把控和提示。

C 根据情况及时采用踢出房间或禁言等方式处理一些黑粉和在直播间发广告的等垃圾信息的人。

D 当主播临时有事需要走开一段时间的时候可以顶替。

7.3 主题策划，持继生产内容的能力

一个好的策划可以持续的提供优质的内容和活动。往往 3 个人一起头脑风暴可以更好的产生好的创意。

7.4 培养在日常中捕捉，沉淀内容的敏感度

保持良好的阅读习惯，以及保持观察学习和分析提炼一些跨界的内容源头。

7.5 转化，提升，裂变

每天分析直播间的粉丝留存率（一场直播的新增粉丝数／一场直播的观看总人数），店铺点击率，商品交易量，平均观看时长，粉丝留言互动等这些数据都需要每天分析。有意识的培养 IP 成交转化能力，以及调动资源的能力。

如何转化提升裂变粉丝呢？下面一步一步来教你：

7.5.1 利用用户打赏的 6 个心理：

想让粉丝打赏，你得知道用户通常打赏的六种心理，这里罗列如下：

7.5.2 促进用户转发的 N 个技巧

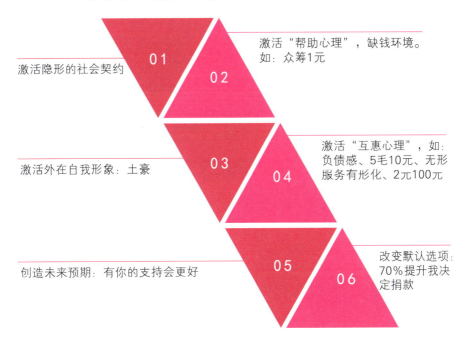

激活隐形的社会契约

01

02 激活"帮助心理"，缺钱环境。如：众筹1元

激活外在自我形象：土豪

03

04 激活"互惠心理"，如：负债感、5毛10元、无形服务有形化、2元100元

创造未来预期：有你的支持会更好

05

06 改变默认选项：70%提升我决定捐款

　　如果说互联网时代营销的核心是解决搜索排名，而移动互联网时代解决营销的核心就是促进用户分享。我们无法在微信里面做排名推广，而直播用户也还没养成搜索关键词找网红的习惯，所以只有用户乐于分享的内容和活动才能在移动互联网取得好的效果。

　　要让用户转发往往需要策划一些活动，大体可以分为三类：

　　抽奖类：限时红包，截屏送礼，秒杀，抽奖等。

　　比如丰厚资本创始合伙人杨守彬通过直播开创了逆向打赏发红包模式。即不是粉丝给主播打赏，而是主播给粉丝打赏的玩法取得了 521 万观众的超旺人气！

　　转发类：分享红包，投票类活动往往也可以带来很多转发。比如淘宝直播盛典的投票活动。

创意类：比如带个胖子进直播间主播就送礼等，还有主播把促进粉丝分享编成顺口溜"分享不要钱，但感觉比较甜"都有很好的效果。

7.5.3 增强与粉丝的互动，可以通过互动游戏来实现。

建立一套优质的粉丝互动框架。如何与粉丝互动？可以考虑用一些小游戏和粉丝玩起来，这样会让粉丝有一种和网红主播亲密互动时时陪伴的感觉。这里推荐用一些直播小游戏帮你迅速积累粉丝。

互动游戏推荐：

1. 我的健身女王号 刷 我爱健身女王 倒数10个数 截屏上所有人都 送钻戒

2. 刷我要上学送保时捷，先关注几号麦，倒数第一个，私信送保时捷（我要上学是公益）

3. 让观众狂刷，点到谁就送谁保时捷

4. 猜谜语，推理游戏

5. 我画你猜

6. 心里默契

7. 每10个人关注就送红包

• 互动的小游戏推荐

8. 打造企业品牌 IP

IP 不单单是指个人，也可以是企业品牌。前面我们提过在移动互联网时代，个人 IP 的营销传播比企业甚至更容易，因为人更喜欢关注一个活生生有温度的人，而非一个冷冰冰的品牌。企业也一样可以用更接地气的方式来打造自己的企业直播 IP。

我们必须牢记一点：消费者都喜欢看电视剧，不喜欢看广告。企业要打造品牌 IP 切记急功近利，持续的优质内容才是 IP 存活发展的基础。

小企业用网红，大企业制造网红。企业品牌改如何利用直播来打造自己的 IP 呢？

8 个步骤教你打造企业品牌 IP

8.1 选择适合适合企业品牌的定位

首先定位清楚：

1）通过直播做品宣，做大型的直播活动，如邀请明星，专业的策划，摄制团队等一起筹划一场大型的直播活动，往往与直播平台协商好推荐位，务必力求一场直播带来十万甚至千万级的观众曝光。

2）打造企业自己的网红，将公司的老总或骨干打造成网红，然后利用网红的影响力实现多元变现。

3）以销售为目的，主要是合作有销售能力的网红主播，或自己打造类似电视购物的场景式销售直播节目。

4）选择适合企业品牌的平台；

对于男性群体为主的企业，可以选择映客，斗鱼，花椒，YY等平台进行直播。对于女性用户为主的企业可以选择一直播，美拍，淘宝直播作为主要直播平台。

5）选择适合企业品牌形象的网红；（这里请表达清楚是否请外部网红代言，加几句展开）

在选择网红的时候需要考虑的要素包括：

· 一 网红资料：姓名、性别、地址，年龄，身高体型

· 二 联系方式

· 三 支付方式

· 四 网红特长

· 五 网红常用平台

· 六 粉丝分析：男女比例，地域，用户群体标签画像，文化水平，购买能力

· 七 网红是否接受外场配合线下活动

8.2 选择适合企业品牌的直播方式

做一个成功的 IP 是一个结果，但过程有很多不同的方式，对于企业品牌的成功这里介绍 7 种玩法，可以综合考虑如何运用。

8.2.1 产品体验

不知道您是否玩过一个游戏，就是一群人头脑风暴一只曲别针有多少种用法？你会发现原来曲别针还可以有无穷无尽的用途，举 50 个例子，1. 开锁；2. 别纸；3. 特制成纽扣；4. 固定纸张；5. 做饰品；6. 做手工艺品；7. 挂窗帘 8. 当牙签剔牙；9. 扎破气球；10. 抵住车胎气门放气；11. 做临时的导线导电；12. 当手机挂链；13. 防身；14. 固定小物件；15. 钥匙环；16. 挂画或者照片；17. 清理指甲；18. 支撑小物件；19. 晾衣架；20. 当企业商标；21. 电线卡子（线多的时候可以用来整理一下）；22. 当鱼钩；23. 挑水泡（手上磨得）；24. 穿东西；25. 计数；26. 固定小昆虫标本；27. 扣子坏了暂时用其代替；28. 做小工具的轴（剪刀）；29. 腰链；30、手链；31. 小药撬；32. 钥匙挂钩；33. 叉食物；34. 做数字；35. 做字母；36. 刺破青春痘；37. 夹文件；38. 捅东西；39. 小电路板的导线；40. 做标记；41. 写字；42. 串成晾衣绳；43. 串成跳绳；44. 挂钩；45. 捆绑；46. 当托盘天平砝码；47.物理实验导热；48.化学实验材料；49.食品袋封口；50.别花；

实际上这个用途可以无限的思考下去，那么我们的产品是否也可以脑洞大开来直播我们产品被应用到的1万个场景和用途呢？

产品体验也有很多有创意的玩法，下面举两个例子：

产品体验案例1：杜蕾斯Air空气套＋六大直播平台：恶评如潮但关注度高

杜蕾斯新产品Air空气套在直播之前进行了一周的疯狂造势，在吊足观众胃口之后，在4月底的一个晚上进行了三个小时漫长而无聊的直播，最终不论是观众还是业内人士都给了这个营销差评，认为其太过恶俗，有失杜蕾斯一直以来的营销高水准，政府部门最后还发布禁令，相关视频内

• 杜蕾斯新产品Air空气套发布会

容全被下架。不过从营销目的来看，杜蕾斯Air空气套直播在Bilibili、乐视、优酷、天猫热点、在直播及斗鱼获得了500万人次的观看，并形成了巨大的话题讨论效应，如果说这是一场别开生面的发布会，吸引关注这个指标应该是达成了。

产品体验案例2：欧莱雅百人卸妆趴

微博预热＋微信预告

100 位网红用"魔术水卸妆趴邀请函"遮住半边脸的统一形式的海报刷屏微博二次造势。

邀请艾克里里客串主持，邀请男版范冰冰现场卸妆，可谓噱头十足！我问了身边很多女性朋友都会对男版范冰冰卸妆的过程比较感兴趣。

当然还有电商转化，直播开始，此次直播为巴黎欧莱雅带来了可观的转换率，当晚观众累积 1800 万人，巴黎欧莱雅的淘宝官方旗舰店接到 3500 个卸妆水的订单。

如果要优化一下这个直播的话，笔者认为如果现场 100 位网红换成淘宝主播，那么订单量应该可以至少翻十倍！

8.2.2 企业访谈

罗辑思维曾经在一直播上做了一场别开生面的校招直播，首先负责校招的小姑娘挨个让罗辑思维各个部门团队的人轮番上阵，每人上来播一段，不同性格人在镜头前有的幽默，有的紧张，有的被起哄，有的厚脸皮，这个时候直播间就已经非常热闹了，然后再请老罗来讲段子，脱不花来讲企业文化，公司愿景，各种公司招聘趣事等，而老罗却在后面很放松做鬼脸！这一场直播让罗辑思维公司很团队以非常感性丰满的形象展示在大家面前。让人对这个团队印象深刻！

8.2.3 直播解密

不利于传播、不被公众熟知的品牌优势，我们可以通过"网红记者"将信息扩散出去

适用类型：

1）有趣的产品制造过程

2）不好表达的企业实力

3）小众的产品、服务

解密方式的优势：

1）实时互动解答，360 度无死角的产品卖点解读

2）大量的曝光

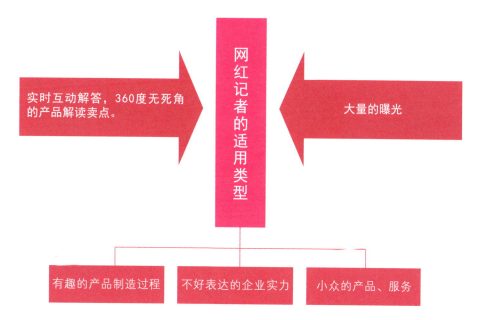

実时互动解答，360度无死角的产品解读卖点。

网红记者的适用类型

大量的曝光

有趣的产品制造过程

不好表达的企业实力

小众的产品、服务

8.2.4 广告植入

广告植入也可以更有趣，比如 McDonalds 联手画家跨界合作，我们在欣赏艺术作品的同时也无形中又对 McDonalds 激活了艺术联想和好感度。

8.2.5 产品销售

做 IP 与产品销售并不矛盾，相反，做 IP 正是为了更好，更有逼格的销售。IP 与产品契合的话将对观众产生强大的吸引力，形成精神溢价！

8.2.6 互动活动

跟着女神来搞机

神组合上妆记

玩法概述：

男友＋女友；女儿＋妈妈； 男＋男 ；女＋女 各种神组合，从洗脸到护肤到上妆，有实力派、演技派、有恶搞派、有温情派、有毁三观派……

男人惊呼：终于知道她为啥天天自己打脸了

8.2.7 直播发布会

案例一：小米笔记本发布会

小米笔记本发布会现场 55 个网红赚足了眼球："滴滴赞助了 55 辆奔驰 S500 接送网红直播，每名网红都是专车接送，看着 55 名网红一人一辆，心满意足地出发后，主办方满意地点了点头，然后大手一挥，剩下的 150 名媒体的老师们，挤一辆大巴，紧随而去。

小米笔记本发布会现场

案例二：唯品会发布会

网红＋明星，双重粉丝经济，使得 1 小时用户点赞 550 万次＋，1 小时在线观看人数 27 万人＋，直播场景形成一个共同兴趣的临时社群 1 小时内互动 20 万次＋

9. 全力以赴，并且坚持下去。

最后一点要强调的就是坚持了！在淘宝直播里的大主播一般都经历了每天直播 6 小时以上，有的甚至春节当天都在直播。做直播竞争的是用户的时间，用户在想看直播的时候您没有开播，那用户就会被别的直播吸引，所以，坚持在固定的时间，固定的时长来播放非常重要。

小结语：

以往我们习惯用销售漏斗来做营销，这是流量思维的玩法，不过我认为移动互联网时代的网红 IP 为代表的新营销其实用反漏斗的金字塔式传播模式更高效，成本更低，客户满意度也更高。企业应该注重提升员工的直播与短视频传播能力，甚至教育自己的顾客用户也加入到自己的传播队伍来，形成全民传播的金字塔式裂变扩散传播。下图是笔者多年经验总结的一个传播扩散路径图。

在我的这部分内容的最后我希望分享我很喜欢的两句话来结束：

1）遇见即改变 通过这本书我们也算"遇见"，希望这种"遇见"

传统的营销漏斗营销理论

展现量

点击量

访问量

咨询量

订单量

VS

老板、高管

员工、合作伙伴、家人朋友

愿意为您生产内容的铁粉

大号KOL、愿互动和口碑分享的粉丝

普通粉丝、围观群众

新型的金字塔式裂变传播模式

会给您的生活和工作带来更好的改变！

2）服务好真正欣赏你的人就够了 很多朋友在开始做的时候非常着急一直问我"我的粉丝怎么涨的那么慢？"其实，粉丝一开始并不在量而在质，筛选出真正欣赏您的粉丝才是更重要的！

关于直播 IP 说到这里也就结束了，这是一个刚刚群雄逐鹿的市场，未来的大鳄也许就是你！

第五篇

IP 的电商模式

晏涛
网名三寿

资深新媒体营销专家，七星会新媒体研究院联合创始人，著有《微博与微信营销实战兵法》，是《销售与市场》《金融博览》特邀作者、实战型营销导师，曾服务奔驰中国，美的集团，中国移动，建设银行，上海家化，老板电器等众多知名企业。

自媒体微信公众号"晏涛三寿" 撰写几十万字，营销观点影响超过 100 万人并涉猎付费知识领域。晏涛始终相信"不仅产品需要营销，每个人都需要营销"，只要稍加努力，人人都是营销大师。

IP 这个词,起先原本是指"知识产权",更多应用在在电影、漫画、文学、游戏文化领域,如欢乐颂是 IP,盗墓笔记是 IP,达康书记也是 IP。有人把它理解为一种商业符号,我把它理解为具有影响力的某种载体,可以是一本书、一个人、一个卡通形象、一部电视剧。无论它怎么变化,有个核心不变,那就是影响力。

没有影响力,IP 就不成立。

那什么是网红呢? 就是那些在网络中走红的人。走红就意味着他有知名度,影响力,而人也是一个载体。如此看来,网红也属于一种 IP。它们都代表着影响力。可是光有影响力还不够,不能把影响力变现,那网红或 IP 注定也长久不了,毕竟商业不是慈善,不是过家家。

所以围绕网红和 IP 就衍生出了一条产业链,称之为 网红经济。这里主要就内容网红 IP 如何运用电商变现展开探讨,所以这里提到的方法适用于各种类型网红包括内容 IP。

1. 网红与电商的难解之缘

"红人比电影明星更值钱",这是 2016 年在电商圈和娱乐圈最劲爆的断言。

因为《2016 中国电商红人大数据报告》显示,2016 年红人产业产值(包括红人相关的商品销售额,营销收入以及生态其他环节收入),预估接近 580 亿元人民币,将超过 2015 年中国电影总票房,也相当于国内最大连锁百货百联集团 2015 年全年销售额。同时,报告指出与自媒体红人的广告盈利相比,电子商务依然是目前红人产业中最主要的商业方式。

一开始我们都以为网红是靠颜值,求打赏吃饭。那时秀上围、美腿、V 字脸成为网红惯例,但 Only Anna、张大奕、LinForeverGirl 、小宜、雪梨和美美 de 夏夏等网红靠电商赚得盆满钵满,张大奕直播 2 小时卖货

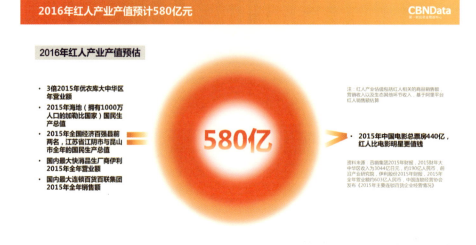

2016年红人产业产值预计580亿元　　CBNData

2016年红人产业产值预估

- 3倍2015年优衣库大中华区年营业额
- 2015年海地（拥有1000万人口的加勒比国家）国民生产总值
- 2015年全国经济百强县前两名，江苏省江阴市与昆山市全年的国民生产总值
- 国内最大快消品生厂厂商伊利2015年全年营业额
- 国内最大连锁百货百联集团2015年全年销售额

580亿

注：红人产业估值包括红人相关的商品销售额、营销收入以及生态其他环节收入；基于阿里平台红人销售额估算

- 2015年中国电影总票房440亿，红人比电影明星更值钱

资料来源：迅销集团2015年财报，2015财年大中华区收入为3044亿日元，约190亿人民币；前沿产业研究院，伊利股份2015年财报，2015年全年营业额603亿人民币；中国连锁经营协会发布《2015年主要连锁百货企业经营情况》

• 摘自《2016 中国电商红人大数据报告》

2000 万直接秒杀了无数企业电商，也深深刺痛了不少靠求打赏赚钱的红人。靠卖产品经营店铺（品牌）赚钱比靠打赏不仅更"正经"，也似乎更有钱途，一时间以淘宝网红为头掀起了网红电商的浪潮。

1.1 网红，你应该靠什么走红？

1）网红是哪些人？

什么是网红，百科的定义为，在现实或者网络生活中因为某个事件或者某个行为而被网民关注从而走红的人，也成为网络红人。如芙蓉姐姐，凤姐，龅牙哥，犀利哥，蓝瘦香菇，小彩旗，papi 酱等人。这些人有的已销声匿迹，如龅牙哥，犀利哥；有的还出现在公众视野，如芙蓉姐姐，凤姐，papi 酱，但已不再像当时那么火爆。

今天因为社交媒体，直播平台普及，如今的网红定义更加广泛。我认为，凡是在网络平台能吸引关注粉丝，具备一定影响力和号召力的人，不管是通过才艺，知识还是搞怪，他们都可以称之为网红。当然网红的生命周期有的长，有的短，取决自身的发展。

美国著名波普艺术家安迪·沃霍尔曾总结过，**"媒体时代每个人都有15分钟成名的机会。"** 这句话放在今天互联网媒体时代，更贴切和现实。何况如今想追求成名的人也更多，尤其是直播平台上不断的涌现出各种色情，低俗跌破底线的的行为和事件就足以说明。

• 美国著名波普艺术家安迪沃尔霍

网络发达了，信息大爆炸了，红起来似乎变得更平常了，所以导致我们很难记得上周最红的人，最劲爆的事，有时同一天都有可能发生好几件大事，他们都在分散用户的注意力。就拿2017年3.23号当天，某直播平台爆出"黄鳝事件"，网络迅速沸腾，紧接着国足1:0战胜韩国，四处刷屏，而且微信推出"微信指数"又成为行业新闻，那一天我最早知道的只有"国足战胜韩国"，剩下2件事很晚才知道。

从过把瘾到红出品牌

信息爆炸时代，靠短暂的曝光很难让人真正记住，同样，网红若不能长久的驻足在用户心里，就很难产生商业价值。我们会轻而易举记起或选择姚明，姚晨，成龙这些名人代言的品牌，是因为他们有长期积累来的知名度，而对于网红，当你对她没有足够的认知了解，是很难记住她，更不会记住她代言的品牌，或推荐的东西。

这是为什么呢？我能记住姚明在 NBA 打篮球，姚晨演过《武林外传》，成龙的电影，而那些过眼云烟的网红能让我记住什么？大胸、美腿、V 脸、逗逼的段子，打开某椒某客平台你会发现许多有这些特点的人，你通常不会记住他们，一方面他们都有相似网红脸。你很难持续关注她，另一方面很多也坚持不下去，也许下个月就不干网红了，毕竟这行还不像明星成为一种追求的职业。

换句话说，**想过一把网红瘾相对容易，而要红下去，红出品牌了就比较难了。**我们来看 papi 酱，号称"集美貌与才华于一身的女子"，学历研究生，能一个人持续的抓热点，表演，录制剪辑成短视频，光这些专业能力就胜过多少人。再看，网红张大奕，淘女郎模特出身，对穿衣搭配时尚本身就懂，能够得到那么多粉丝追随，至少品位眼光不会差，而这一点有秒杀多少女生。

2）分析网红 IP 的影响力

我们去细细发现，被称作网红不难，但是成为一个真正有价值，有影响力，网红 IP 并非那么容易。所谓的 IP 网红都是具备一定知名度和影响力，能够影响他人的认知和行为的人。就像张大奕推出的衣服，她的粉丝抢着买，因为粉丝信她，喜欢她；换做你推出一件同样衣服，那些粉丝就不会买，甚至还会吐槽你抄袭。这就是人的影响力。

这种影响力源于权力，才艺，知识和品德 4 个方面。如果不具备其中之一，即便有大量的媒体曝光，也终究不能形成影响力，就不能引导追随者的认知和行为，这个网红就不具备价值。

演员就是靠演技建立影响力，演技不行，即便有大片拍，收获一堆差评，只能形成负面口碑，转化不成影响力。最近中国演员景甜在大片《金刚：骷髅岛》中扮演生物学家，被疯狂吐槽，毫无演技，甚至一度被认为"烂片"代名词。果然 2016 年度被评为最令人失望的女演员。

对目前网红而言，多半是靠才艺和知识取胜，如 papi 酱就是靠短视频表演走红，唱歌，弹钢琴，画画，讲段子等都属于才艺，或娱乐性网红；

影响力来源的 4 个方面

权利　才艺　知识　品德

而罗辑思维就属于知识型网红，教你化妆，养生，运动健身，时尚搭配，这些也都属于知识型范畴。这个领域更多诞生出达人，专家和意见领袖。

所以，当你选择走网红路时就要想清楚权力，才艺，知识和品德这四块，哪一条最适合里，并且坚持不懈走下去。明星就是跟网红最接近的一类职业，无论唱歌、表演，还是演员都需要打磨自己的专业，花时间沉淀自己，而且谁也不能保证自己一直红下去。

1.2 网红与电商的交集：流量

网红经济的本质就是网红自己影响力的变现，而影响力的基础是粉丝，粉丝就是流量。所以网红是自带流量的，它通过文章，视频，直播来传递自己的才艺，知识，聚集粉丝形成流量。

而电商呢，它是一门生意，你买我卖，买方被称为客户，客户即流量。所以电商企业通过投放广告，支付佣金，活动营销来获得客户，流量。

由此看来，流量是网红 IP 与电商最大的交集。而一切商业存在的核心最后都是为了交易，变现。网红 IP 的影响力如果不能变现，那它的商业价值就会很低，。网红要保持影响力，还必须不断地付出，比如写文章，分享观点，做直播，参加活动等，这些都需要时间和精力，除非网红想做纯公益，否则自己也要生存，没有商业产出，又该如何坚持下去呢？

　　这里所指的网红都是要商业变现的网红。网红具备源源不断吸引流量的能力，只要把这些流量变现，网红就产生了价值。所以，直播平台上有人靠打赏，有人靠广告，有人靠模特赚钱，也有人靠电商赚钱。

　　电商是网络上最成熟的变现模式之一，你买我卖，天经地义。但是电商不像实体店门口有自然人流经过，平台上的店铺，大部分时候它需要引流，即把客户引到自己店铺，我们称之为引流，到店铺的人成为流量。在淘宝上，卖家会通过直通车（购买关键词），钻展广告，淘宝客等付费方式获得流量，最终转化成购买。

　　如今，通过网红自带的流量卖产品，刚好解决了店铺没人的问题，一边再带流量，一边提供产品给对应的人，这二者相接就是完美的变现方式之一。

1.3 网红最大的优势：自带信任与流量

　　电商就是一门生意，生意的前提是信任，没有信任就没有成交。而我们一直在讲，网红与普通人的不同在于影响力的大小，而影响力就包含着信任，这种信任是基于对网红才艺，知识或品德的认可。

　　这种信任在电商购买中非常关键，它直接影响购买转化率。这也是为什么淘宝店铺有几星级，评价里面有好中差评论，说白了还是强化消费者对店铺的信任。信任的建立除了通过产品，店铺，用户口碑外，常见的邀请明星代言，也是构建信任的方式。比如薛之谦给肯德基代言，成龙为格力代言，这些都是将明星作为产品背书，利于消费者信任。

　　电商以往获取流量的方式，比如投放淘宝广告被消费者看到，接着进入店铺，作为用户还会继续看价格，产品介绍，店铺级别等信息来决策产品是否安全安心，服务是否靠谱，要不要尝试购买；这一系列决策和心理活动都是正常，当然也许它还存在产品是否靠谱安心的疑问，可能暂时会离开购买。

倘若，消费者事先看到黄晓明代言的广告，而进入到店铺，这时他对于产品的安全安心，服务是否靠谱的疑问可能会少很多，甚至不会造成决策购买的问题，毕竟有大牌明星保证。而它只需要考虑价格，包装，快递等其他信息。同等前提下，明星代言会降低用户的决策时间与成本，提升购买转化率。

网红正是像明星一样，在自己粉丝群体自带了信任，就会比电商通过其他广告获取的流量更容易转化。所以三寿向自己粉丝推荐一本书，通常就会比图书排行榜上的广告更值得信任，购买转化率就会提升。这就是信任的价值。

1.4 电商当前最大的痛点：缺流量与转化率

为什么说网红电商是最赚钱的电商，张大奕一场直播卖了 2000 万刺痛了多少淘宝卖家的心，他们得花多少钱来购买流量才能产出 2000 万销售。即便同样卖了 2000 万，也没有网红店的利润高。

2016 年整个互联网用户趋近饱和，网购用户增长的红利结束，电商那种高速增长时代也结束了。用户饱和，市场竞争这越来越多，导致流量被瓜分，成本越来越高，缺流量，降低流量成本这是所有电商企业面临的现状。所以大家把眼光转向了，网红，新媒体，微商。

像罗辑思维、咪蒙、张大奕这样的网红，靠知识聚合用户，他们做起电商就省掉了获得流量的成本，并且关注他们的人信任度远远比通过广告购买来的深。**信任越强，在购买转化中越容易。**

所以我们来算一笔账：网红电商，流量不要钱（基本为 0），粉丝信任强，转化率必然高，这样做电商必然要轻松许多。

所以网红具有的优点刚好是电商现存的痛点，二者对接起来就是一个完美的闭环。传统电商的模式是经营货，而网红是经营人，经营粉丝，打造自明星，虽然长远来看非常值得做，但前期如何打造出具有影响力的网红是最大的门槛，只要网红成功了，电商化相对容易很多。这也是为什么像张大奕，绽放，年糕妈妈，罗辑思维这些电商即便不做广告，也能运作的不错。

1.5 产品化是网红 I P 变现最好的出路

不能产生变现的网红不是好网红，除非你自愿玩票或做公益。在网红的变现方式中，无外乎以下几种：

1) 做广告，接广告，帮助做宣传

（如：微信，微博转发，代言等）

2) 卖自己，把自己当产品，

（如：做模特，演员，出书等，最终还是卖自己，消费自己）

3) 卖产品，用自己的影响力来卖其它产品，或者做一个品牌。

（如：张大奕的淘宝店，罗辑思维的得到。）

以上 3 种方式是很常见的，在直播平台靠打赏的就不计入了。

第一种方式，和很多自媒体大号广告变现一样，这样就面临着需要不断增加粉丝规模，来获得更高的广告价码；并且广告的效果不好衡量，竞争也很激烈，要长期获得稳定客户也很难。

第二种方式，其实和明星模式一样，不断加强自己的才艺或知识，然后再输出，不断获得影响力和粉丝，通过知识类产品变现自己，比如书，电影，代言等。这其实相当于网红明星化，这条路就是自明星道路。

第三种方式，就是把自己的影响力转移到某个具体产品或品牌中，前期是做自己，后面慢慢能够依赖产品或品牌获得持久的商业变现。比如张庭的 TST 面膜，张大奕的淘宝店。这种方式越往后就对网红自身的依赖越来越少，其实相当于把自己解放出来。

虽然这三种方式各有优劣，主要是根据网红自身情况来定，但是我个人觉得第二种、三种都有一个共同的特点，就是产品化，无论是把自己当成产品，还是说由自身延伸出产品，只有产品化才能保持自身价值的稳定。

当然，第二种，把自己当作产品会面临着花无百日红的境地，在红火的明星也有过气的一天，更何况靠自己赚钱这本身就不是商业最好的方式。如何不依赖自己赚钱，那最好的方式就是把自己影响力注入到其他公司或品牌之中，通过产品来变现。这也是我认为比较轻松，持久的方式。

也有一种声音说，未来娱乐型的网红会就会走影视明星的路，通过包装策划能够成为真正意义上的明星当然也是一条不错的路，只是这条路必然也不是那么好走。反而网红电商化却容易很多，我自己身边有很多靠几千几万粉丝就能把店开得不错，活得挺滋润的人。

他们有的玩朋友圈，有的写文章，有的开直播，这些只是它们与粉丝玩的渠道而已。他们并不一味地追求粉丝，反而更愿意用心地做产品，通过自己的影响力卖产品，当产品得到认可之后，会形成口碑，反过来增加自己的影响力。这就是一种正向的循环。

网红生存的核心：影响力与信任
电商转化的核心：信任

电商转化的核心　　　　　　网络生存的核心

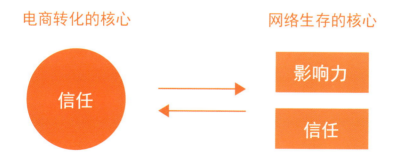

2．网红 IP 如何找准自己的电商模式

在 2014 年微商兴起的时候，我参加一场微商会议，发现到场的大多数都是帅哥靓女，当时加了不少人的微信，头像各个像明星，就可以理解为今天的网红脸。他们给自己起个好听的名字，在朋友圈刷吃喝玩乐的信息，一会儿出入五星级酒店，一会儿在某个会议，有一会儿再哪里旅游，动不动来个深夜美图，撩人心弦。

当然他们卖化妆品、保健品，衣服、内衣、减肥茶，各种各样。这帮人就叫微商代理，当然他们一般是级别高的，被称为合伙人，每个人下面管几百个上千个小代理，他们有几个甚至几十个微信，统一头像，昵称，发内容，他们就是最早的网红 IP 雏形吧。

所以我想，网红电商化应该最早从微商里诞生，当然微商一直名不正言不顺，所以等到张大奕、雪梨等淘宝网红火起来时，才算正式的被提出来。

今天网红电商化已经成为产业，整个产业上从网红挑选，培养，训练，包装策划，产品供应链，店铺运营等一一俱全，每个环节有专门的公司负责，比如网红孵化，经纪公司。对一个普通的网红来说要成功实现电商化还是有难度的，需要看看自己是否具备相应条件，这就是我们想讲的，电商化的前提以及不同的模式形态。

2.1 网红 IP 电商化的几个前提

不管你是微博网红、微信网红、优酷网红，还是直播网红，你想通过卖产品来实现价值变现，现在可能都不需要店铺，直接加微信，微信转账就能收钱。看似简单，但要长远的稳妥的做下去，做电商就没那么简单。你依然要搞清楚电商相关的一些问题，比如，

1）你是否具备持续吸粉的能力

作为网红 IP，并不是说你今天聚集了 1000 粉丝就能够卖货了，因为生意是要讲持续性的，1000 粉丝里面有多少能够买你的产品，今天买完了，

明天呢？所以对网红而言，千万不要盲目的以为，开了平台聚了一点人气就能够变现了，**而是要尽量的让自己稳定的获得粉丝，扩大影响力，最好能够找到擅长的切入点**。比如 papi 酱擅长制作搞笑视频，咪蒙擅长写出篇篇 10w+ 的文章，有人能够每天直播吃饭，有人可以每天教你如何化妆。

总之，一旦你成为网红，就要找到让自己持续扩大影响的方式，最直接的表现就是粉丝数。一旦粉丝数达到某个基数，而且你也能够保持下去，这样的情况进行电商化就稳妥很多。

网红最大的优势是自带流量，所以在电商化之前务必先搞清楚自己能否稳定流量，同时达到了一定基数。这个基数没有绝对的概念，我有一个朋友开面馆的，就是覆盖本地人群，一般以周边人为主，所以他的粉丝也才上千人，但生意也还很不错，再多了他也接不过来。

但另有一朋友做土鸡蛋的，面向全国人民卖最好的海南土鸡蛋，那它的粉丝在几万十几万才开始做，并且前期基本靠线下，后面才慢慢网络上多起来，这样情况几百万粉丝都不嫌多。

2）你是否能选择合适的产品

做网红电商我有一句话，叫做**产品即人品**。一听你就应该明白，网红 IP 电商化本质上还是卖自己的影响力，你的产品不行，那就是你人品不行，粉丝不会待见你，甚至不会给你第二次机会。所以网红电商化你必须好好选择产品，产品选择需要考虑几个点：

①**产品的受众**，网红的目标粉丝有多少对这个产品感兴趣，如果美女主播吸引的都是一群屌丝，那你去卖化妆品制定效果不会好，你去买男性保健品可能会更有潜力。但如果是一位教你化妆的女网红，那平时吸引的肯定也是爱美的女性，那这个时候你卖化妆品，女性保健品，甚至衣服就比较对路了。

有些人喜欢选择市面上热门的产品，但如果你爹目标用户不适合，这样对网红电商就不好，因为你没优势，你的流量用不上。

②**产品的复购率**，选产品最好选择复购率高的产品，否则你卖给他一

次，可能三五年都不会买了，这样对于粉丝的利用率就不高。所以你发现微商多半是选择化妆品、保健品、日化、内衣等产品，极少数选择杯子、鞋子、小家电的。就是因为后面的复购率太低，你说好不容易获得一个粉丝，结果他卖完杯子，2 年都不会再买新的，那你就少了卖给他东西的机会。除非你卖其他产品给他。所以优先选择，复购率高的产品。

③**产品的价格，**价格永远是生意中敏感话题，价格决定了购买力，价格太高买的人少，价格太低利润空间比较少。前几天就有位客户跟我抱怨，不再想服务屌丝客户，他们问题太多，远没有有钱人爽快。好吧，我承认，但是中国也还是屌丝居多。所以网红在选择产品时，价格要根据粉丝的购买力来定。有些网红的粉丝以学生居多，而另一些以白领精英居多，两者的购买力就完全不一样。这时产品定价就有参考了。

④**产品质量，**产品即人品这是微商圈流行的话，但对网红电商也很适合，因为它们都是在消费影响力和信任。粉丝购买产品多是基于对网红的信任，这个时候大家的认知是网红等于公司，而不像一般公司，产品更多与公司强关联，但并非等同于创始人。但无论如何，网红电商化是你必须比其他公司更加重视产品质量。这里所指的产品不仅是网红自有产品，还包括你为其他公司代言或推荐的产品。

3) 你是否解决了产品供应链问题

做过电商的人都知道，一家电商公司生存的好不好表面上看产品和运营，实际上产品供应链也会决定生死。我在与一个网红公司的负责人交流电商化的问题，他们自己也在实践网红电商化，而此前他们是从未做过电商的，而是有几百名优质网红。他总结了自己的走过的坑，供应链太重要了，他说没有供应链的网红有 2 种死法，第一，卖得很好，货供应不上，最后退款很多；第二，备了很多货，卖不出去，库存积压。不久前他们就遭遇这两个问题，他们在日本选择了一款口红，跟日本的供应商（专卖店之类的）确定了大致数量，对方说没问题。也许谁也没有想到会卖的这么火，一次网红直播卖掉了 1000 多支，然后跟供应商说赶紧发货，而对方只能一次提供 200 支，等到他们快马加鞭地组织货源，差不多 1 个月好不容易把产品发货完成，却无奈很多消费者因为等待时间过长，选择了退款。一次下来原本 100 多万的销售，最终差不多有 40% 退货，只能挤压着下次卖，但谁又能保证下次可以卖完呢。

所以，电商企业一旦做大了，不仅面临流量问题，还要解决供应链问题，如何保证卖得好时有货，卖得不好时不至于积压，这就要求有比较灵活的供应链。对于网红也一样，电商化前先要考虑自己有没有稳定供应链，一方面保证货品充足，另一方面稳定供应链也能保证价格稳定。

4) 你是否准备好自建电商团队还是与人合作？

网红和内容 IP 有流量，优势在于能通过制造内容获得粉丝，一旦介入电商你就要考虑自己的基因适不适合做电商。一个完整的电商团队包括选品（供应链）、店铺运营、客服、物流、促销策划，小的团队十几人，大的团队光客服就会有几十上百人。对网红电商化首要考虑，是自建电商团队，还是合作电商。这两种形式都有人尝试，只是分不同阶段和自身情况问题。

我在 2014 年的时候做过一次电商化尝试，当时电商自媒体人 @ 鬼脚七 影响力很大，基本上是电商自媒体的明星，拥有几十万粉丝，我们想搞一次羊绒围巾的售卖。这次我们选择的就是跟一家羊绒厂商合作，他们只是提供生产和发货配合。基本上从产品包装设计，客服，物流，推广全部由我们来做，几个人的团队忙了差不多 1 个月，3 天时间卖掉了上千件。对于当时对我们只是一次尝试，产品定价也比较贵，1280 元 / 条，我们打出的是"不问理由支持鬼脚七"，你要相信他，买就好了。粉丝也是基于对鬼脚七的信任，纷纷下单。最后也遇到各种纠缠不清的粉丝，也有退货的。整个活动结束基本上没有盈利，因为第一次做，从产品本身的成本，到包装，快递各个环节都缺乏经验，成本控制不好，基本没有赚钱，当时预估卖个三五千条应该没问题，还好合作厂商是朋友关系，最后不存在积压库存问题，否则玩大了。

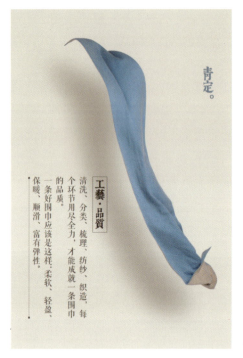

青定。

【工藝·品質】
清洗、分类、梳理、纺纱、织造，每个环节用尽全力，才能成就一条围巾的品质。
一条好围巾应该是这样：柔软、轻盈、保暖、顺滑、富有弹性。

· 鬼脚七围巾

　　这算是自建半个团队吧，如果当初我们要坚持做这件事，那不可避免的要建立团队，只有建团队才能够把控细节，控制成本。与成熟的电商团队合作也是一种方式，网红以股东方式带来流量和客户，对方负责电商环节的运作，那你只需要继续保持扩大影响力就好。如果能遇到志趣相投者当然好，省时省力。

　　网红电商化，归根结底就是用流量卖东西，是电商就离不开，人（用户），货（产品），平台（店／交易平台），很明显加入电商这个模块工作就变得很复杂了，以前你只需要写文章，录视频，或者直播，结束就完事了。现在你把一件产品卖给客户，收了钱，质量要管，服务要管，售后要管，一切就变得不是那么轻松了。这些需要提前想清楚。

2.2 网红电商化的模式

网红电商化有两种选择，卖别人的产品和卖自己的产品。这两种选择我在这里把它称为微商网红和自有电商网红，两种模式。具体什么意思呢，我接下来解释。

1）网红电商化之自有电商

自有电商是指有自己的产品品牌或者店铺品牌。一种是里面的产品都是自己的，而另一种卖的是别人的产品，但是店铺品牌是自己的，比如【鬼脚七精选】，过去里面的产品都是别人的，只是选择下来比较适合鬼脚七自媒体粉丝，大家也都认可鬼脚七这个品牌，所以相信店里的产品。而现在，他们推出自己的品牌"必经之路"，后续产品都用自己品牌了。这种情况他们就需要设计产品包装，做客服，甚至发货。

• 鬼脚七精选有赞微店

像淘宝上的,张大奕,Openlady,钱夫人,喜哥,小宜,大金都属于这类,有自己的品牌。这种模式适用于想打造自有电商品牌,或长远以电商作为变现手段的网红。对自身电商运营团队要求比较高,投入时间精力也都比较多。

2) 网红电商化模式之分销

以分销或代理别人的产品为主,甚至在直播宣传中直接推荐别人的产品链接或店铺,通过销售分成来变现的方式,这一类我称为微商红网。他们不需要参与太多电商环节,只管选择合适的产品,在合适时间推荐给粉丝,通过销售分成获得收益。其实传统的微商代理模式类似这样,网红通过自己发展代理和自销来赚钱,而产品的市场宣传,售后服务,物流发货都有品牌商解决。

现在淘宝网红也多是这种模式,自己在直播中推荐合作店铺,引导粉丝购买产品,通过淘宝客系统获得佣金。这样的方式轻便,快速,节省时间,也无产品后续的咨询售后服务。当然,这种模式给粉丝形成就是一个推荐,中介的角色,并不会形成网红的自有品牌。比较适合,影响力不是很大,变现模式还没确定,对自身长远品牌为作明确规划,求短期变现的网红。也适用于兼职网红。

像这样的分销模式除了网红直接引导到他人店铺外,也可以自己开店,只不过背后产品都是由分销系统转到原产品商发货。市面上也有很多这样的平台,比如萌店,大 V 店,云集微店等都属于帮助网红电商变现。

2.3 电商类网红的形态

提到网红绝大多少人都会想到一个真实的人,或美女或帅哥。但在我的理解里面,网红可以是一个真实存在的人,也可以是一个虚拟的人物,它只是一个代号。就像我曾经看的一部电视剧,里面共产党地下同志有个的代号叫做:老舅娘。后来有同志被抓之后,被逼问谁是老舅娘。他说,我是老舅娘，张三是老舅娘，潜伏在上海的千千万万同志都是老舅娘。言外之意，老舅娘可以是具体一个人，也是一个代号。

同样，我要讲的的网红他可以是具体的人，比如 papi 酱，张大奕，薛之谦，也可以是一个泛称，比如大米君 @ 鹤师兄，坚果哥，觉知先生，如意姐，搭配师杜拉拉等等。就像招商银行微信中的小招，杜蕾斯微博中的小杜杜，他们并不是特指某一个人，而是背后很多人，但是小招，小杜杜有自己清晰地人格画像，包括性别，年龄，兴趣，爱好等基本属性。而背后每一个操作者都会用统一的形象，语气与粉丝来对话。

· 鹤师兄的个人微信

当然一个真实的人可以出现在视频直播中与粉丝面对面交流，就像张大奕，世界上不再可能有第二个张大奕；而一个源于生活而又高于生活的网红形象，比如小杜杜就不太方便露脸或声音，所以一般也会尽量的避免以这样的形式露出。但这并不妨碍它们拥有粉丝，获得影响力，甚至成长为一个品牌。就像唐老鸭，咖啡猫，某种意义上它们就是这样一个虚拟网红，但依然获得全世界粉丝的喜爱。

从过往的经验来说，我更愿意把电商化的网红分为 2 类：

1）个人网红

目前我们讲的主要是这一类，比如 papi 酱、罗辑思维、张大奕、雪梨、凤姐、二姐等。这些都是真实的人，也是基于真实的自己来吸引粉丝，打造影响力，他们靠才华，知识，技能，观点言论获得关注，一步步形成个人品牌。

他们会在公众媒体中露出，比如参加会议，录制视频或直播，他们在粉丝心目中是鲜活存在的，有着具体的画像，喜好，行为，对他们的信任也更容易建立。反之他们一些不好的言论，行为也极容易让粉丝产生厌恶，甚至拉黑。

这类的网红在电商化过程中更容易把控，因为是真实的人，无需杜撰，凭空想象。它们可以出现在产品包装，详情页，宣传海报之中，能够用音频，视频多种方式跟粉丝建立联系。也能真实呈现试用产品之后的反馈，比如吃零食，穿衣服，抹化妆品等场景。这些都便于电商化中产品推广，营销和转化。

现在广为知晓的都是这一类网红，但对于已有品牌基础的企业来说也希望借助网红实现自带流量，那怎么办呢？他们希望自己企业塑造一个网红品牌，就像唐老鸭、加菲猫、蜡笔小新一样。这就是另外一种网红了，我称为，企业品牌网红。

2）企业品牌网红

谈到企业品牌网红，这可能是一个新词，但是提起 2011 年微博时代，杜蕾斯的 @小杜杜，碧浪洗衣液的 @碧浪姐，可是当时非常火的微博账号。这些账号以其"人格化"著称，活灵活现的跟粉丝聊天唠嗑，互动交流。

在微信时代，招商银行信用卡微信公众号上线之后，为了体现出给客户更好的服务，营造人性化的服务，招行信用卡微信被命名为"小招"。取名"小招"源自《倚天屠龙记》，那个角色美丽、可爱、清秀，招行希望"小招"看起来像一个邻家小妹妹，这个小妹妹说话语气也偏淘宝范儿，给人感觉更有亲和力。现在招行信用卡中心拥有千万粉丝，小招形象也深入人心，某种意义上她也算是一个网红。

我把基于企业品牌而设计出来的人格化形象也称之为电商的"网红"，这一块也有许多的案例，比如专门做原生态坚果的"坚果哥"，致力于提供最好睡眠枕头的"枕头哥"，提供 O2O 家电维修的"家电哥"，专注大码女装的女装品牌 @ 春哥小裁缝等等。这类品牌网红并不真实对应着某个人，但我们赋予了它们具体的性别，头像，语气，性别，爱好，以及日常生活动态，在用户心目中他就等同于真实存在。我所知道的这些品牌网红中，还经常有用户想来看看他们，这就说明用户已经打心底喜欢上这个虚拟"网红"。

今天的消费者喜欢的是个性化，人格化的品牌，而不再是冰冷的标志，生硬的口号，品牌营销也并不单是通广告来呈现，更多的可以融入到新媒体中，走进消费者群体，品牌把自己变成能够跟用户对话的那么一个形象，有温度，有情感，有态度，这不是更好吗。碧浪姐，小杜杜，小招，枕头哥，春哥都已经这么做了，虽然他们背后是不同的员工来操作，但丝毫不影响这些品牌网红的形象，他们在最开始就设定了统一的画像，在客户面前它就是真实存在。

我觉得未来企业可以打造更多的品牌网红，或者你把它们称之为代言人也可以。

2.4 企业 IP 选择个人网红还是品牌网红模式？

这里我还需要补充一个问题，对于那些个人网红而言，他们只需要电商化就可以了。但是对刚才我讲到企业品牌网红，往往是这个企业已经存在，它们还没有网红，希望去打造一个网红角色。这样的情况该怎么来做呢？

无论这企业已经存在，还是说准备开始，他们想通过网红这个途径来打造品牌，那么就会有两种情况，一种是企业内部有真实的可能成为网红的人，可以是老板，也可以是员工；另一种就是没有真实的人，从品牌角度创造设计这么个角色。这两种情况大家应该怎么选择呢？

先说第一种情况，企业内部有想做（成为）网红的人选，那无非就是老板，或员工。如果是老板愿意"卖自己"那当然很好，没有任何风险存在。但如果这个人选是员工，那就存在风险了。如果最终把员工打造成为网红，可能面临他离开的风险，一旦他离开那网红的影响力和个人品牌就随他离开，企业什么也不剩下。因为我们一直在讲，网红电商化实际上就是先构建网红自身影响力，然后变现个人品牌的过程。即便企业把他的微博微信直播平台都留下，也不顶事啊，因为人已经换了，粉丝喜欢和熟悉的是哪个真实的人，而不是企业。

现在粉丝都流动性的，认人的，员工只要再开一个账号粉丝自然而然会找过来。为了防范这种风险，有些企业会跟员工签订很长的合同，或给予高工资留住他。但终究员工只是打工仔。除非你能把员工变成股东，但作为公司股东必然不能仅仅因为网红这个身份老考虑，这对很多企业来说是一个考验。曾经我们有位客户就发生这样的事情，用员工真实照片，名称作为微信头像以及昵称，结果跟公司闹矛盾离开了。虽然账号是公司的，结果全部更换头像，以往给予员工的真实信息现在都要更换了，甚至还要跟客户解释，怎么不是"TA"了。这就是员工打造成为品牌网红的风险。

我建议企业在考虑用员工成为品牌网红这件事情上要慎重，尽量避免，除非你认为这个员工能够成为你爹合伙人，否则不要指望用工资，期权来套住他，更不要想着说万一发生，我就更换所有信息，这对企业品牌来说无疑是从 0 开始。

所以最好的选择当然是老板，我们有很多品牌网红就是这样设计，比如三寿就是研究院院长，"枕头哥"也是企业品牌联合创始人。一般而言老板角色相对更稳定些。

第二种情况就是，企业没有人适合做网红，老板不愿意，员工也没有合适的。那怎么办，最好的方式就是以品牌为原型，结合目标用户群体来创造一个虚拟形象，作为品牌网红。或者你把它成为品牌人格化形象，前面内容中提到的，小杜杜，碧浪姐，小招，大米君 @ 鹤师兄，这些人并不真实存在，而是源于企业某些人的形象，再融合品牌诉求设计出来。

我曾为一家目标用户为 30-50 岁之间主妇的干货食材品牌设计人格化形象，结合他们品牌安心食材的诉求，最终品牌网红形象是一位 80 后主妇，宝妈，营养师，热衷于探索美食，实践厨艺，对食材很讲究。根据这一形象，我们赋予它性格，爱好，语言风格，这一形象源于创始人，也高于创始人。总之我们要让粉丝用户感觉到她是一位亲充满正能量的主妇，对生活有追求和品位，类似国民好媳妇。让每一位用户从他的文字，话语中感受到安心和信任。

3. 网红 IP 电商化成功的秘诀

3.1 "红"下去才最重要

"剩"者为王是互联网时代很典型现象，无论你过去多么牛逼，只要你死掉了就没你什么事了。只要你还活着，哪怕曾经卑微地活着，你都是有吹牛逼的资本，而且很有可能你会等到老树发新芽，你不需要一直排第一，只需要保持活着。

有不少已经快过气的歌手，但借助很多档音乐选秀，竞演节目居然再次红遍了大江南北，但如果他们像某些歌手一样退出歌坛，亦或转型其他行业，恐怕我也不记得他们，更不会出现在我的文章里。

作为网红 IP 要实现电商化成功，首要条件就是让自己活着，不断地积累影响力和粉丝，获得流量。除非你已经形成电商品牌，或者电商已经有稳定获客能力，而不需要依赖网红自身的流量输入。在此之前，网红要做的就是如何让自己红下去。

如果你是像罗辑思维一样的知识型网红，你必须让自己的知识持续更新，才能够不断输入。如果你是才艺型网红，就像 papi 酱那种搞笑搞怪，

•罗振宇每天都会搞出热点,2017 年知识发布会《图片来源于网络》

恐怕你也要不断的学会抓热点，更换形式，提高自己的表演能力。如果你是靠颜值存在，那建议你赶紧充电，做一个有内涵的网红吧，脸盲的人会越来越多了。

不管怎么样，你认定了这条路就不要轻易放弃，更要在坚持中精进，把网红作为一种职业，让老粉丝看到你的变化进步，让新粉丝看到你的才华。你不需要那么辛苦的永争第一，偶尔能够排在前面就好，你要相信，时间会证明一切。当你有一颗要做 10 年网红的决心，你会发现机会没有了对手，因为大部分人只是玩玩，抢个风头，明天他们就不知道干什么去了。

所以让自己保持"红"下去，哪怕当中会遇到坎坷问题，你都能趟过来，那就意味着你成功的机会增加许多。

3.2 差异化的定位

当一个网红开始电商化，就是要让粉丝买你的产品，可凭什么买你的而不是买它的呢。差别在哪里，首先网红自己就应该传递出差异化，这种差异化一方面来自于网红本人，还一种就来源于开始的定位和设计。而你有没有表现出差异化，坚持它，如此一来关注你的人自然就会把你跟别人区别开来。

等到你推荐产品的时候，粉丝已经对你形成了不一样的认知，这种差别也会渗透到你日后的产品种。三寿推荐的书就是跟其他营销人推荐的不一样，没有理由，理由就是信任。那如何创造这种差异呢？我觉得有几个切入点：

1）创造领域的差异化，比如我在淘宝上经常看到有人教成人怎么穿衣搭配，突然有天我看到一位专门教妈妈如何打扮自己孩子。这两位网红就是切入不同领域和群体。前者是成人，后者是童装搭配。

2）创造内容形式的差异化，一条专注视频自媒体，而很早以前我看到有通过文章来讲解美食的自媒体，还有人专门在现场搜罗美食，发布在美拍等短视频网站。这样的一些网红博主就是基于不同内容形式创造差异化。

3）创造表现风格的差异化，就像周星驰的喜剧风格和黄渤，徐峥的喜剧风格就不一样。而对于观众而言肯定有人喜欢不同的风格。

4）创造目标人群的差异化，即便是同一领域也能够细分出不同阶段的目标人群。比如妈妈人群，年糕妈妈就专注在 0-3 岁孩子妈妈的育儿知识，而我一位朋友专注在 3 岁以上父母如何跟孩子沟通相处的领域上。

因为每个网红，即便是品牌网红都会有自己独特的特质，只要将这些独特的地方挖掘出来，持续传播，就会聚集相同价值观的粉丝，这就是差异化东西。你不用去担心是不是还会有人跟你一模一样，因为一个人永远存在信息不对称，何况人那么多。

所以创造网红 IP 自身的差异化非常重要，否则就像电商购物一样，在百草味买坚果和在三只松鼠买坚果能一样吗？肯定是有区别的，无论是产品本身区别，还是包装，体验区别，这些都不重要。关键是在你购买之前已经认可了三只松鼠和百草味的区别，不管你说不说，你都有了判断，就等着行动表现出来。

所以，找出你的差异化，坚持它。

3.3 人格化形象打造

不管是个人网红还是品牌网红都需要设计人格化的形象，这是为什么呢，主要还是给粉丝形成一个稳定，统一，健康，有吸引力的印象。很多红网不善于包装自己的形象，当然也有人认为，真实呈现就好，无需包装。以前我也这么认为，但现在我主张，真实并不等于不设计。

这句话怎么理解，我用女人化妆来打个比方，假如你老婆是个美女，即便素颜也觉得漂亮，难道你就这些喜欢她不修边幅的素颜吗？还是说她每天化一点淡妆，就会给你完全不一样的感受。难道她化妆之后你就认为很做作，不真实了吗？其实不会，她还是她，淡妆之后你自然会发现她不一样的美。

就这么个意思，网红也许本身具备很多优点和特长，生活中不论说话，处事，待人接物总会有一些不完美地方，而在粉丝面前我到底带给他们一个什么形象，这个形象是不是加分的，哪些不好的习惯需要避免，我们不是要完美，而是需要一定程度设计。

就拿我们一位客户的人格化品牌来说，它拥有几十个个人微信账号，聚集了不少粉丝，我在为它们做自画像诊断时就发现，他们的头像不清晰，而且不够专业，显得有些粗糙，而他们的产品却要告诉用户专业，高品质。这就会自相矛盾了。同时它们在朋友圈更新的内容中常常又发现配图很模糊，不高清。这些点滴你让粉丝怎么想，这与你主张的精致生活完全不一致啊。

这仅仅是头像问题，还有诸如昵称怎么设计，年龄如何定位都是问题。我曾经为一家知名企业社交媒体品牌培训，讲到人格化账号，他们是做生活电器的，问我他们想把人格化角色定位在 20 岁左右的的萌妹子，觉得妹子更吸引人。当时我就问，你觉得 20 岁都还没毕业的学生懂生活吗？她也许连饭都不怎么做，洗衣机怎么用也不懂，能够作为你们品牌的形象吗？至少你们旗下的这些生活电器她应该使用过吧。归根结底，学生萌妹子没有生活经历，你如何跟消费者交流到一块。

所以对人格化进行设计时我都有一张自画像工具，你只需要按照里面要求填写基本上就会形成一个清晰的形象。

人格化自画像的维度

人格化的形象是为了让你与粉丝形成最佳沟通效果，也利于它们最容易认可你的角色。

3.4 用好内容构建粉丝信任

打造一个网红IP，就是在打造影响力，经营粉丝对你的信任。信任这东西是从你身上传递出来的一言一行，一句话一张图，这些都称之为内容。不同的网红用不同的内容链接粉丝，有人通过文章，有人通过直播，有人用视频，也有人用图片，用微博，形式不一而论。不要以为精心准备的才叫内容，哪怕你随便出发一个表情，街拍一段视频，吐槽一个观点，甚至你跟什么人吃过饭，这些都会影响粉丝对网红的信任。

比如最近乐天事件搞得中韩人民关系紧张，你即便再朋友圈不小心发张图片，刚好看到了韩国的化妆品，粉丝就有可能骂你，拉黑你。种种类似很多。所以我们发现明星大部分都是很小心自己的言行举止的，因为他们就是靠粉丝吃饭，不能破坏自己的公众信任。网红也是一样。

只要网红IP能够保持粉丝的信任和影响力，电商化就从来不是问题，那是早晚的事。而经营粉丝信任，关键靠内容，这一套明星玩的其实更转。他们衣食住行，喜怒哀乐，亲情爱情都是可以那来做内容的，所以有人说明星没有隐私。那网红 IP 呢，同样需要制造内容来不断地建立信任，扩大影响。

不管是什么类型网红，用不同平台呈现自己，它所生产的内容都具备些共同的特点：

1) 首先应该是正面的；

2) 其次内容是有价值的，不管是知识还是娱乐，你要带给粉丝价值；

3) 第三，内容还是需要策划设计的，什么可以说，哪些不能说，用什么方式表达，希望达成什么效果，这些都是需要规划的，不能任由自己，至少有原则。

4) 第四，内容最好有规律，人总是容易记住有规律的东西，规律也会强化人的认知。那么网红每次出境穿什么，带什么，有什么口头禅，这些都是规律。比如我们的一个客户，把自己员工作为个人微信明星，一年下来有上百万粉丝，光服务他朋友圈的人就有几十号，每天的内容就是有规律的，发几条，什么主题，几点钟发，如何跟粉丝互动都有规定。这样他很容易在粉丝心目中建立一致的品牌形象。当然，他也知道什么内容不能发，什么话不该说。

所以，内容是与粉丝建立信任的载体，你不能产出好的内容，慢慢的粉丝就失去关注你的动力。对演员来说，电影或电视剧就是内容，对作家来说，作品就是内容，那对网红来说，你的核心能力是什么，在这个基础上在融入你的生活，工作，碎片化信息，就能够让你形象丰满。

如果你是直播网红，每天通过直播与粉丝互动，那直播就是你的内容。每次直播什么内容，要做什么准备，这次的目的是什么，都要提前有个计划安排。

如果你是淘宝网红，你每天直播教大家怎么运动，同时也推荐服装，那你传授的知识和推荐的衣服都是内容，粉丝学到了知识会更加信任你。

买到了自己需要的合适的衣服，也会更加信任你。反过来，你推荐的衣服有瑕疵，那就会影响他对你的信任。

如果你是靠写文章获得关注，那你写的文字就是内容，你要写什么，表达什么，有什么价值，这些会决定粉丝愿不愿意关注你，有多少人关注你。

一切皆内容，凡是呈现在观众面前的信息（人）都能构成内容，而网红就是不断在生命周期内创造内容，只有做好内容才能不断获得关注，赢得信任，维持影响力。

【基于微信朋友圈的内容规划】

3.5 卖给用户你最了解和喜欢的产品

关于卖产品给粉丝，我自己历来有个习惯，我不喜欢的，不熟悉的，不能保证安全的，不是最好的我就不太愿意推荐。以前做微商培训，我就强调产品即人品，你连自己卖的产品都不熟悉，都不敢保证那你凭什么推荐给粉丝，这种行为本就不负责。即便你不可能使用每件产品，但至少你是相信他们没问题，愿意为此承担责任的。

如果网红 IP 电商化要成功，你就必须对自己卖的每一件商品负责，因为这是基于对人的信任而衍生的商业行为，我们也一直在强调，网红电商化相比公司更具个人色彩，并且这是压上整个人的信誉，一旦出问题，它对网红的影响和打击远大于公司。

在产品的选择这块，前面的部分我讲过，一定是结合自身的喜好，目标粉丝购买力来决定。产品是非常丰富的，我建议网红选择自己或团队熟悉的，这样网红在推广中会更有信心，而且把自己了解喜欢的分享给粉丝，也更能调动粉丝的参与。粉丝们都愿意跟随或模仿自己的偶像。

3.6 两个案例

我有一个淘宝客户，做南北干货起家，3 年做到金冠店，品牌名也很拟人化，叫做 XX 姐，专注为用户提供美食。他们在做淘宝的时候就干了一件事。他们 2014 年就意识到要打造个人品牌，当然那个时候网红还不这么流行。当时建了公众号，后来 2015 年又建了十几个个人微信，统一名字 XX 姐。就这样累积下来开了 18 个个人微信，都是围绕 XX 姐这个人格体打造。当然这个 XX 姐也是源于创始人，她自己喜欢美食，也是营养师，她自己就是产品代言人了。结果越来越多用户熟悉她，粉丝也喜欢她，一下子聚集了上十万粉丝。有几次在商场被"粉丝"遇见还拉着合影。你看，她也成了网红。

现在她不仅还开直播，还在有规律的经营微信朋友圈，我帮她作了进一步规划和设计，让人格形象更加的清晰，鲜明和鲜活。她现在一年仅仅通过自己聚集的这些粉丝一年就能卖掉几百万产品。它也是一个网红电商化的例子。

并且未来随着 XX 姐的粉丝越来越多，她能不断强化自己品牌，通过微信，直播，朋友圈跟所有接触的粉丝保持连接，输出内容，一起互动，她势必产生更大的价值。伴随着她有电商运营的经验，当她的个人品牌影响力愈加大的时候，产品就会越好卖，并且可以不断的融入其他品类产品。

还有一位原本做传统生意的朋友，自从 3 年前开始接触微信营销，它就做起了朋友圈个人品牌的打造。加上自己广泛的社交，爱好美食，啤酒，也算个吃货。两年下来积累了上万个微信好友，并且逐步在好友心中建立起"美食达人"的标签。当微商来临的时候，他又做起了微商，只不过不做代理，产品是自己一手资源获得，去年的时候能够月销售百万。

这样一些普通的人，在网红时代都能够建立自己个人品牌，只要他们给自己一个标签，深入下去，积累，最后都能建立一定自己的影响力。当影响力变现最好的方式就是卖产品。

所以今天来看网红电商化，它其实包含 2 层意思

1) 第一，网红概念更加泛化，人人皆可成为网红，IP 则是网红中的精品；

2) 第二，每个人都是一个货架，都有产品需求，你可以通过自己建立的信任来推荐产品。至于你是用朋友圈，直播还是微博，都不重要，这只是工具而已。

我相信这一波趋势才刚刚开始，在本章中我讲到的一些方法和原则都是有利于帮你建立个人品牌的，打造属于你自己的网红 IP，如此一来网红电商化将成为自然的变现方式。

第六篇

MCN 公司助力打造网红 IP

刘
为
龙

　　移动互联网专家、天使投资人、资深网站站长、著名天使投资人吴世春弟子、上海交通大学硕士、三星电子韩国总部归国技术专家、对韩第一网站乐在韩国创始人、上海想美信息科技有限公司创始人兼CEO、红椒创投基金创始合伙人、上海行帆信息科技有限公司创始人兼CEO、美业移动互联网探索者，曾服务联合利华、汉高、安利、克丽缇娜、中脉等上百个美业相关知名品牌。

1. 国外网红经纪公司发展现状

1.1 MCN 本意及其由来

随着网红经济的大热，MCN 一词也逐渐浮出水面，受到网红、创业者及投资者的热捧。MCN 这词来自于 YouTube 生态体系，英文全称为 Multi-Channel Network，原意为多频道网络。MCN 公司是 YouTube 与创作者（准网红或网红）之间的服务商，提供品牌营销、网红协作、内容编辑、视频分发、粉丝拓展、内容变现、版权管理及技术支持等服务。MCN 在中国对应的形态就是网红经纪公司，根据业务重心的不同有不同类型的经纪公司，如内容 IP 孵化、直播演艺经纪、网红电商等等。

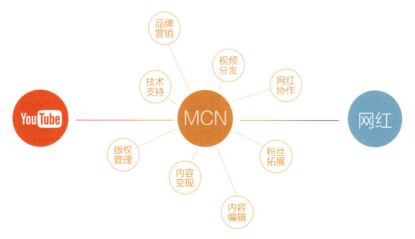

MCN 的出现是 YouTube 发展的必然趋势，自 2008 年诞生到现在已发展将近 9 年。YouTube 创立于 2005 年，是全世界最大的视频网站，迄今为止全世界有超过 10 亿用户，每天播放时长几亿个小时。每分钟用户上传的视频长达 100 小时，意味着用户需花四天才能看完。这些上传视频者叫做创作者（网红或准网红）。每个创作者都可以开启自己的频道，让用户来关注，然后才能看到这个频道下的内容。实际上，YouTube 成为了创作者的频道集成商。由于创作者众多，致使频道数早已超过 500 万，若 YouTube 官方自己管理所有频道，工作量巨大且管理非常困难，不经济也不实惠。同时，大部分创作者只会做内容，对获取流量和变现等都没有兴趣，这样就需要第三方公司的帮助。这时 MCN 公司孕育而生，成为了网红和 YouTube 之间的服务商。

MCN 公司存在的市场逻辑在于它在网红和视频平台（如视频平台 YouTube、秒拍等）之间担当了桥梁作用。MCN 对于网红的好处：

1）**增加广告收入**。MCN 通过聚拢众多创作者，与平台或品牌商有较强的议价能力，从而可以获得更高的广告单价。

2）**获取流量或资源支持**。MCN 和平台进行深度合作，充当了分发商角色，更容易获得平台支持，如推荐热门、平台活动机会等。

3）**拓宽变现手段**。不仅仅只有视频平台的广告分成，MCN 还可以帮助网红通过品牌植入、产品试用、产品售卖等方式赚取更多的利润。

4）**便利内容版权管理**。MCN 可以帮助网红在各大视频平台分发内容，或者帮助网红逐渐打造自己的 IP。

MCN 对于视频平台的好处：

1）减少管理麻烦，视频平台无须面对海量小型创作者，从而减少内容管理的投入和风险。

2）便于内容质量与数量控制，视频平台可以和 MCN 合作，推动优质内容的产生，或者激励创作者产生更多的内容。

1.2 MCN 公司盈利模式

MCN 公司在网红与平台之间发挥了它独有的价值，也慢慢找到了自己的盈利模式，国外 MCN 公司主要收入来自于以下三种方式。

1）**频道经纪广告**

MCN 公司代理的网红频道在播放视频平台广告时，平台会根据广告收入（如 CPM）按照一定比例分享给 MCN 公司。这个收入再由 MCN

公司与网红按照约定比例进行分配，网红占比从 50%~90% 都可能，根据其议价能力而定。另外，MCN 公司可以找到品牌商合作，将其植入到视频中，获取品牌营销费用。

2）定制内容费用

MCN 公司可以帮助网红找到视频定制的机会，包括给品牌定制或给电视台定制，赚取定制费用。平台也会资助 MCN 公司或频道制作优质的内容，比如 Google 就曾经在 2012 年资助过 YouTube 上的频道，今年秒拍和今日头条都投入 10 亿元人民币扶持内容创作者。

3）IP 销售与增值服务

MCN 平台为代理的频道提供版权 IP 销售、周边产品开发和销售等增值服务，并从中获得提成。

1.3 国外典型 MCN 及其介绍

在全球 YouTube 认证的 MCN 公司共有 174 家，其中数量最多的是欧洲，其次是北美，再次是亚洲及太平洋地区。由于 YouTube 在中国大陆被屏蔽的原因，所以中国处于了 YouTube 的生态之外，没有一个中国大陆公司出现 YouTube 认证 MCN 名单里，唯一一个华语的公司造咖工场来自中国台湾。

在众多 MCN 公司中，Maker Studios、Broadband TV、Fullscreen 和 Studio71 是 YouTube 上最出色的四家综合类型内容制造商。然而，最为人津津乐道的例子要数 Maker Studios，2014 年迪斯尼以 10 亿美元的估值买下了当时拥有约 4 亿订阅用户的 Maker Studio，此举在业界被认为是 MCN 内容制造商模式的巨大成功。最大 MCN 公司 Maker Studio 拥有 5.5 万个频道，每月收看量达 55 亿次，节目包括《Epic Rap Battles of History》、《The Getup》、《Pew Die Pie》等，旗下拥有多个垂直节目包括游戏与体育、生活与潮流、美妆、娱乐等。

平台MCN	Maker Studio	Broadband TV	Fullscreen	Studio71

垂直领域MCN

AWESOMENESS TV	MACHINIMA	STYLE HAUL	TASTEMADE	DANCEON	WHISTLE SPORTS	MITU NETWORKS
儿童内容	游戏领域	时尚、美妆和生活方式	美食与旅行	舞蹈与音乐	体育运动	拉丁裔九零后和零零后

随着 MCN 成熟，发展至今开始出现更多垂直领域的 MCN，可以重点打造和管理好的内容。例如 Awesomeness TV 专注儿童相关内容；Machinima 专注于游戏领域；StyleHaul 专注于时尚、美妆和生活方式；Tastemade 专注于食物、旅行； DanceOn 专注于舞蹈和音乐相关领域；Whistle Sports 专注于体育相关领域；Mitu Networks 专注于拉丁裔九零后和零零后社区。

另外，有的 MCN 公司为了更大的发展，开始逐渐减少对网红和平台的依赖。例如 Awesomeness TV、Fullscreen 开始为电视台和网上付费订阅频道生产内容； Fullscreen 开发了自建手机播放客户端。

在国外除了 YouTube，网红聚集的平台还有 Facebook、Instagram、Twitter、Vine 等，MCN 公司需要帮助网红进行内容分发以及各个平台账号和粉丝维护。关于 MCN 如何管理网红，韩国 MCN 公司做得很完善，有很多值得借鉴之处。

1.4 韩国最大 MCN 公司 Treasure Hunter

Treasure Hunter 是韩国规模最大的 MCN 公司，也就是网红经纪公司，韩国总人口为 5000 万，其中一半是 Treasure Hunter 的订阅者。公司创立于 2015 年 1 月，至今已获得 3 轮，且每轮不低于 300 万美金的融资，是韩国发展最快的 MCN 公司之一。公司在短短两年中网罗了 220 多名网红，其中不乏韩国时下最红的网红，特别是在游戏、娱乐、美妆、美食、运动等细分领域进行了深度耕耘，打造了一批最顶级的网红及经纪人。

Treasure Hunter 形成了"网红分级培训 + 专业管理制作 + 多元化变现方式"的商业模式，并取得了巨大成功。这种成功和创始团队在娱乐传媒产业资深背景不无关系，其创始人宋在龙是韩国巨头娱乐传媒集团 CJ E&M 的前经理人，号称"韩国网红经纪第一人"。Treasure Hunter 在吸收了传统娱乐经纪公司的精华后，通过试验和调整摸索出了一套一站式网红孵化、培训、运营及变现的模式。

Treasure Hunter 的网红培训的特点是分级培训，公司会提供三个阶段的培训，从基础知识、视频技能到长远的战略规划都会涉及。比如介绍整个网红行业情况，培训设计、拍摄、剪辑、节目制作、推广等必备技能，和怎么样才能做最好的内容制作者。Treasure Hunter 对于网红孵化主要在两个方面：一是提升个人形象，展现个人魅力，二是策划内容创意与精良制作生产。网红孵化完成后，通过 Treasure Hunter 的多渠道网络输出到其他合作平台。

网红管理往往是网红经纪中的一个大难点，而 Treasure Hunter 形成了一套自己管理网红的行之有效的方法，其核心是围绕着给网红带来增值而设计，对签约网红采取价值排序和分级管理模式。Treasure Hunter 把网红分成初级、中级和高级三个不同的阶段，采用不同的培训和资源，如等级制的教材和专业设备与场地使用等。该公司一般都是按照 3 年合约和网红签署合同，在管理网红的模式上，以"团队"制度来管理，形成"家"的凝聚力，按照网红输出内容进行分类，比如游戏、美妆、美食、运动等，再根据网红数量来分配经纪人。同时还会有"以大带小"的培育方式，大网红带小网红，和进行网红之间互推，相互支持，加速成长，共同变红。其中，视频互推是目前韩国网红粉丝增长的最主要方式。所以，网红非常认可 Treasure Hunter 提供的专业级服务，因此就较少出现国内恶意挖角这类事情。

韩国网红的变现方式已经很成熟，但是都和内容相结合，主要有：

1）品牌广告

网红根据广告主诉求，结合自己的特色制作内容，如直播、视频或图文等进行传播；

2）产品植入

网红视频中植入品牌商的产品，往往比较自然的推荐产品，比如在化妆中推荐了一款口红或眼影；

3）衍生产品

在内容制作中衍生出一些产品，比如Pucca的周边、服饰、数码产品、影音文化、生活用品等；

4）个人品牌化

升级个人IP，建立自己的品牌，如Pony朴惠敏推出自己的化妆品品牌Pony Effect等，然后通过产品销售实现个人IP价值最大化。这种模式可以获得巨大成功，但是往往头部网红才能享受品牌化带来的红利。

相比起来，中国网红变现更加丰富，除了以上四种方式，还有一些其他变现方式，如微博或微信自媒体广告、转发、电商或参加线下活动等。

韩国网红经纪公司与中国的有哪些区别？

1）Treasure Hunter在选拔网红时，不会要求其具有粉丝量，符合公司要求的话可以直接从素人开始培养，这点稍微好点的中国网红经纪公司往往要求有一定量粉丝，如10万粉丝以上。

2）韩国网红与经纪公司之间契约精神非常好，不会随意"出走"，而这点在中国比较差，无疑给中国网红经纪公司带来更大的风险。

3）韩国公司与网红分工更加细致，配合更好，但是中国公司在电商变现方面更具有优势，发展更好。

4）不同于中国网红多以个人魅力吸粉，韩国网红最确切的身份是内容生产者，他们在社交媒体中的生命力更持久。

韩国MCN公司经营管理非常系统化，并且引入了成熟的艺人培训和管理体系，让它们的网红优质内容产出能力很强，与MCN公司配合程度高，非常值得学习。然而中国市场庞大，网红市场刚刚起步，中国网红市场将是韩国数十倍，中国网红和MCN公司即将蓬勃发展，迎来美好的前景。

2．中国网红经纪公司发展现状

2.1 中国网红经纪公司类型

　　MCN这个泊来词来到中国深受业界欢迎，然而它是很困窘的，因为MCN公司诞生的YouTube视频平台在中国大陆市场被屏蔽。中国视频平台数量繁多，群雄割据，有阿里系的优酷土豆，有百度系的爱奇艺，有腾讯系的腾讯视频，有搜狐系的搜狐视频，还有秒拍、快手、美拍等新兴移动视频APP平台，这使得中国的MCN公司与国外的有很大差异。大家不管MCN的原意，只要做网红相关的公司都往里套，加上这个帽子顿时让人觉得高大上，实际上它相当于网红经纪公司。

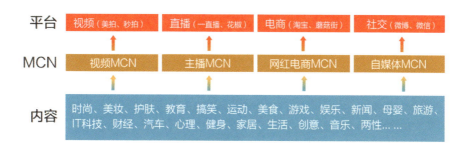

　　中国的网红经纪公司虽然发展历程短但发展迅速，在不同平台里诞生了不同形式的网红经纪公司，例如在直播平台产生了主播MCN，如美空、美腕、中樱桃、华义和香蕉计划等；在视频平台产生了视频MCN，如魔力TV、万合天宜、一条、二更等；在电商平台产生了电商MCN，如如涵、魔范、缇苏、钱夫人等；在微博和微信等社交媒体上产生了自媒体MCN，如今日排行榜、段子手经纪公司等。同时，根据不同内容类型，如时尚、美妆、母婴、游戏、运动、汽车、旅游、财经等，又产生了垂直领域MCN公司，如专注美妆时尚的想美，专注母婴的芭比辣妈等。

2.2 视频经纪公司打造 IP 最给力

网红 IP 的打造依赖于网红长期不断输出高质量内容，这些内容的传播帮助扩散网红的影响力，吸引更多粉丝，让网红更红。内容表现形式包括文字、图文、语音、视频和直播，越是往后的形式可以承载的内容丰富度越高，由于直播需要保证实时性，往往无法对画面进行精耕细作，而视频由于有后期剪辑，可以将普通场景通过后期特效等手段升级至恰到好处。2016 年 papi 酱迅速从路人成长为中国第一网红，她凭借着原创短视频的魅力一炮而红的。新媒体或内容制作公司清楚地看到了视频方面的潜力，不同细分人群需要不同高质量内容消费。特别是随着移动互联网的发展，人们对短视频的消费需求越来越旺，于是诞生了一大批专注视频内容制作的公司。它们从制作精良内容出发，把内容做成节目或系列，让内容本身成为 IP，而把网红或准网红放在内容中做主演，这样随着内容越来越火，网红也越来越火，也就顺理地成为了网红 IP。这种模式得到用户的喜爱，诞生了一批优秀的视频经纪公司，包括两种类型，一种为中介型，如火星文化和飞博共创等；另外一种是内容型，如魔力 TV、一条、二更、万合天宜、暴走漫画、何仙姑夫等。

火星文化助力内容发行

火星文化成立于 2014 年 8 月，公司专注新媒体视频内容产业，帮助内容制作团队解决发行和商业变现等问题，核心业务主要包括发行、广告营销、投资三部分。火星文化的渠道资源达到 110 家，包括视频网站（爱奇艺、优酷土豆等主流的视频网站）、短视频平台（秒拍等）、OTT（互联网及智能电视）合作方、IPTV、户外平台以及海外市场。现在火星文化已经为包括《暴走大事件》、《同道大叔》、《军武次位面》、《关爱八卦成长协会》等在内的 400 多家内容提供商提供服务，节目月度播放量接近 10 亿。

魔力 TV 成为国内最大 MCN 平台之一

魔力 TV 是新片场旗下的 MCN 品牌，短视频内容品牌矩阵和生态体系，依托在新片场创作人社区下，不断发掘优质创作人，孵化原创内容 IP。"魔力 TV"的短视频内容矩阵体系拥有魔力美食、魔力时尚、魔力旅行、造物集、尖叫耐撕男女、小情书、理娱打挺疼、董新尧、微小微等超过 100 个内容品牌，在新浪微博、秒拍、美拍、今日头条等平台拥有超过 2 亿粉丝，全国视频播放量超过 80 亿。并已成为为国内最大的 MCN 机构之一。

papi 酱完成个人 IP 向视频 MCN 转变

papitube 是 papi 酱做的一个开放平台，旨在聚拢更多的个人创作者，一起打造更多"创意、有趣、正能量"的内容。为什么 papi 酱在如日中天的时候，想着把个人 IP 升级为 MCN 呢？一方面个人创作者难于持续输出高质量内容，这种模式抗风险能力不够，papi 酱个人无法支撑整个公司的持续发展，也不利于融资；另外一方面个人创作者生产内容的数量有限，很容易到天花板，如果借助单个 IP 成功的经验，复制或孵化新的 IP，可以突破成长瓶颈，做出规模化效应。

papitube 主要做短视频的开发和孵化，从 2016 年 4 月宣布启动，到今年 4 月正好 1 年，已经签约了近 30 位短视频创作者，孵化了 4 位拥有百万粉丝的网红，张猫有 134 万粉丝，杨舒惠有 94 万粉丝，Lori 有 115 多万粉丝和春楠有 111 万粉丝。其中，美豆爱厨房已经拿到了腾讯的天使轮融资。

papi 酱的 papitube 启示了个人 IP 往 MCN 发展的方向，也展示了短视频创作者矩阵的魅力，每个创作者都可能是下一个 papi 酱。

2.3 直播经纪公司是网红孵化的直通车

随着 2016 年的直播应用（APP）爆发，直播成为人们互联网生活的常用方式。尽管 PC 时代产生了 YY 和六间房等巨头直播平台，但是直播真正被大众接受并且成为一种常态生活是去年的事，手机直播的爆发与智能手机、移动流量和中国移动互联网三个基础设施的成熟度有着密切的关系。手机直播让人随时随地都可以直播，让人人都可以参与直播，直播的门槛一下子变得非常低，并且直播的商业模式（打赏或购买）非常清晰，致使像当年团购之战一样一夜之间冒出了数百家直播APP平台。直播也成为了移动互联网上的一种新型变现或商业转化模式，最典型的例子就是陌陌，在之前变现能力很弱，接入直播后，收入直线上升，当然股价倍增。直播平台呈现一片繁花似锦之态，为百姓提供了一种新的泛娱乐生活方式。

直播平台种类繁多，有娱乐秀场直播（如映客、YY等）、游戏直播（如斗鱼、虎牙等）、电商直播（如淘宝直播、蘑菇街直播等）等，这些平台如火如荼发展中产生了成千上万的专业主播岗位，为了更好的管理这些主播，需要有第三方机构帮助主播进行培训、养成、监督和变现等服务，这就促使了大批直播经纪公司诞生。根据直播平台类型不同，也相应的产生了对应的直播经纪公司类型，有的专门做娱乐秀场直播（如中樱桃等），有的专门做游戏直播（如伐木累等），有的专门做电商直播（如美腕等），当然也有些实力较强的公司，做成综合性的经纪公司，全方位发展，如美空等。

从长远来看，直播平台会是除了微博之外最大的网红主播培养基地，并且以此为生的人会越来越多，根据六间房的创始人刘岩预计，将来至少有一千万人职业主播。所以，想做网红，选择从主播开始是条捷径。

想当主播，选择一个合适自己的直播经纪公司是关键。作为主播，首先要认识到自己的优缺点，比如娱乐秀场主播需要出众的外表和身材，并且能歌善舞；游戏主播则需要对游戏特别热爱，具有探索精神，不断打新游戏和升级，提高自己的技术；电商主播要求自己能说会道，具有很强的卖货能力，让用户相信自己从而产生交易。即使没有以上罗列优点也没有关系，只要有一项特别喜欢且专长的技能就可以，哪怕是钓鱼、吃饭等都可以吸引一批粉丝。其次就是选择一个合适自己的经纪公司，根据自己的优势及理想发展方向，如想做电商主播尽量要去专门做电商主播的经纪公司，这样培训更加专业，资源更丰富，更加有利于自己快速成长。最后，要想成为知名主播，吃苦耐劳精神也很重要。在做主播初期，尤其是前三个月，自己没有粉丝，成长慢，加上每天播出时间长，如果缺乏精神力量支撑，很难坚持下来，而一个主播成长至少需要半年以上。

主播要想红起来，必须不断锻炼自己的专业技能，并且不断进行内容输出，除了直播平台需要周期性播出之外，最好要配合微博、微信公众号等流量平台全渠道运营，并且定期制作图文或视频内容，这对吸引粉丝非常有帮助。

2.4 段子手经纪公司之三足鼎立

"段子"本是相声中的术语，指的是相声作品中一节或一段艺术内容。然而现在"段子"一词的意义有了丰富的外延，如出现"冷段子"（内涵段子）、"黑段子"（恐怖故事）、"荤段子"等类型。追溯段子的发展，《世说新语》、《古今谭概》、《笑林广记》可视做古代的段子集。现代意义的段子，开始主要流传于民间，互联网和手机的出现改变了段子的地位，手机短信是最早加强人与人联系的方式，利用短信发送段子曾经风靡一时。微博这个具有良好放大效应的社交平台使得段子流传加快，甚至可能成为一个热门话题。段子在微博上受到用户的喜爱，不断激励着写段子的人，也即段子手。由于段子手们在网络上获得了大量粉丝，并有了足够的知名度，所以他们也成为了网红中的一支重要力量。

工具 技能 影视 漫画 日常 音乐 基腐 旅行 动图 职业 中二 吐槽 情话 宠物 树洞 狗血 爆料 呆萌 翻译 搬运

• 微博段子手类型

中国职业段子手 90% 都在三家段子手经纪公司旗下，分别是牙仙文化、楼氏文化和鼓山文化，粉丝累计超过 3 亿人。牙仙于 2013 年由白洱创立，是三家中起步最早的。白洱在 2012 年是一名来自于广告业的段子手，虽然他不是最优秀的广告业务员，也不是最优秀的段子手，但是他把两者结合起来，成为了一种新的商业模式，那就是，他来负责从广告商那里承接业务，理清需求，然后再分派给段子手，这实际上就是经纪业务。为什么这个业务会成立呢？其实段子手也是内容创作者，而且是深度内容创作，所以他们没有这么多时间和精力去和广告商进行需求沟通，以及处理谈合作，审合同，开发票等琐事。这时，牙仙作为经纪服务商，和段子手签约进行独家广告代理，所有的广告必须由牙仙承接，牙仙和段子手谈好分成比例进行分成。公司和段子手并非雇佣关系，而是签约合作，作为代理关系，这种模式日后成为了行业标准。

由于牙仙起步最早，几乎囊括了当时所有段子手大号，包括"小熊猫"、"叫兽易小星""谷大白话""尸姐""使徒子""里八神""八卦_我实在是太 cj 了""琦殿""妖妖小精"、"所长别开枪是我"等等。敏锐的商业嗅觉让白洱尝到了甜头，由于战略问题，让竞争对手楼氏和鼓山迅速崛起。

楼氏文化是由袁琢于 2013 年创立的，比牙仙稍晚。袁琢本人也是段子手，在未成立自己的公司之前，他是牙仙旗下的众多段子手之一。因为袁琢在开始玩微博的时候还是一名售楼工作人员，所以他把自己的微博名字取为"售楼先生"。嗅觉灵敏的袁琢在看到牙仙的模式具有可取之处后，自己毅然从房地产行业辞职，创立楼氏文化，陆续签下"同道大叔"、"回忆专用小马甲"、"假装在纽约"等知名段子手，成了行业里的第二位老板。

袁琢把名片上的名字改成了"楼 sir"，从此他的楼氏文化在段子手经纪圈里风生水起。他完成了从真正的售楼先生，到段子手"售楼先生"，再到老板"楼 sir"的完美蜕变历程。

同样在 2013 年，第三家段子手经纪公司鼓山文化诞生了，它的创始人微博名字叫做"风铃炸弹"，从 2012 年开始玩微博，自己也是一位段子手，在段子圈里积累了一些人脉，就以经纪的身份帮助其他段子手开发商务。由于牙仙和楼氏相对早些，所以等到鼓山开始签约段子手时，只要稍微大点的段子手（当时 50 万粉丝起）都已经签约了。鼓山就把这些小账号，几万粉到十几万分的段子手都签约起来，还大量发展圈外具有成长潜力的号，这种开放的思路让鼓山聚拢了上千个微博大 V 账号。风铃炸弹在鼓山刚刚开始时，花大量时间和精力去寻找优质的内容生产者，比如小野妹子学吐槽，那时候粉丝不足7万，同道大叔，2万不到；另一方面谈优质的内容传播者，比如虐猫狂人薛定谔。功夫不负苦心人，鼓山签约的很多账号后来居上，发展出了"同道大叔"（微博粉丝1205万）、"小野妹子学吐槽"（微博粉丝1500万）、"英国报姐"（微博粉丝1382万）、"喃东尼"（微博粉丝180万）、"大哥王振华"（微博粉丝365万）、"我与老公的日常"（微博粉丝931万）、"银教授"（微博粉丝666万）等知名账号。2014年，鼓山文化的年财务流水已经超过牙仙和楼氏两个公司的总和，实现后来居上。

鼓山文化已经笼络了微博上有50%的段子手，新的段子手要想涨粉丝，就要加入鼓山文化，但是条件就是签约段子手必须互相转发。为了鼓励段子手之间转发以及实现利益共赢，鼓山文化把段子手根据粉丝数多少进行分层级进行互相转发支持，如100万至200万的段子手在一起，50万至100万粉丝的段子手在一起，50万以下的在一起。段子手要想上升，就必须要出精品段子，然后大家一起转发，实现快速涨粉，这样就可以晋级到更高层级。

鼓山文化在夯实了段子手广告经纪业务后，从2014年把业务延伸到图书出版，以及网剧、电影方面，完成升级。现在在保持主营业务的重点方向下，开始从事网红孵化业务，让自己在网红产业链中扮演越来越重要的角色。段子手经纪公司是非常具有中国特色的，然而网红和电商结合也打造出了一套全新的玩法，其中如涵是这种模式中最成功的开拓者之一。

2.5 中国网红电商典型案例如涵公司

移动互联网与粉丝经济时代，网红被推上了风口浪尖，把网红引入到电子商务生态后，迎来了市场爆发增长，于是2016年被认定为"网红电商"爆发元年。年轻化、个性化、移动化加上社交化成为这种新型电商模式的重要特点。作为网红变现的最重要变现方式之一网红电商自然备受关注，而从前名不见经传的网红电商如涵也突然成为了风口上的公司，受到大众的热烈追捧。

如涵前世今生

如涵由创始人冯敏于 2011 年 12 月创立，前期定位为淘品牌"莉贝琳"，凭借创始团队在女装方面积累的实战经验，在两年内店铺获得双金冠，当时合作的服装模特就是后来成为第一电商网红的张大奕。在 2014 年 6 月，如涵和张大奕合作开了一家名为"吾欢喜的衣橱"淘宝店铺。经过两年多的努力，该店铺销量突破 3 亿元人民币，成为网红店铺典型案例。网红店铺取得成绩后，在 2015 年 9 月"莉贝琳"团队结束了自身店铺的运营，彻底转型为网红电商，包括网红孵化、营销、运营和供应链整合等。2016年 8 月，如涵控股正式"借壳"克里爱登录新三版。2016 年 11 月，阿里巴巴宣布投资如涵，并成为如涵第四大股东，如涵的估值已经高达 33 亿元。现在如涵除了张大奕、管阿姨等头部网红外，还签署了一百名各种类型的网红，已经开淘宝店有 50 多人，形成了包括服装、美妆在内的多个半标品和标准品品牌矩阵。

如涵的网红电商之路

冯敏在 2007 年开始创业做电商，开展类似于麦考林的邮购业务，但是失败而终。2011 年转战淘宝，创立自己的品牌"莉贝琳"，从 2011 年到 2013 年在淘宝里风生水起，活得有滋有味。然而 2014 年开始不同了，竞争越来越激烈，怎么样获取有效的流量成为电商竞争的核心，摆在如涵面前有两条路，其一在淘宝内部加大直通车等获客渠道的投放力度，其二利用意见领袖 KOL (Key Opinion Leader) 从社交网站（特别是微博）向自己的淘宝店直接导流。第一种方式没有什么任何门槛，除了钱，但是第中小商家来说，钱就是最大的门槛。第二种方式在 2014 年已经初现端倪，美丽说和蘑菇街在 2010 年到 2013 年之间给淘宝店铺带去大量精准流量，店主们发现只要在这两个平台晒一晒漂亮的衣服就有免费的流量进来，然而随着淘宝对它们的封杀，店主们只能另辟蹊径，寻找流量洼地。聪明的店主们开始利用微博平台往淘宝导流，如雪梨和钱夫人就是此种模式的先行者，因为学生毕业创业，没有钱买流量，她们自己在微博上分享穿搭心得和晒新款衣服，竟然发现很多人喜欢她们，不仅留言给她们要购买链接，还关注了自己的微博，成为粉丝，不断享受这种被"安利"的过程。当时大家也不知道这叫做网红电商，只是发现这种模式导流很靠谱，粉丝忠诚度高，并且复购率高，相对流量获取成本变低了。

大家在网红电商中开始尝试不同玩法，如上新闪购或预售模式，采用"多款少量，快速翻单"，根据前期预热时互动情况的数据预测销量，从而大大降低库存，提高供应链效率。经过一年多的运营测试，如涵找到了网红电商的模式"经纪人＋运营＋供应链"，于是停止了自己淘品牌运营，集中发力网红电商。

如涵网红电商模式

冯敏讲到自己的模式时，曾经经典的概括为"你负责貌美如花，我负责赚钱养家"，这一语道破网红电商中网红和网红电商平台之间的关系。网红发挥自己的特长，在社交平台分享各种时尚心得，审美理念输出，获取更多粉丝，并与粉丝进行良好的互动，然后"安利"自家的商品，让粉丝买买买。网红电商平台负责后端复杂而专业的运营工作，包括网红定位与包装、店铺运营管理、产品设计与开发、供应链管理、大数据分析与运营以及公司管理等。如涵建立了网红社交平台获取流量，电商平台进行成交，以及供应链进行交货这样完整的商业闭环系统。

网红电商就是以网红为核心的新型电子商务业态，传统电子商务的流量靠广告投入来获胜，而网红电商通过网红的粉丝效应，快速获取精准流量，大大提高转化率。如涵凭借着丰富的网红资源、强大的数据分析能力以及网红流水线制造能力，为网红们提供电商代运营、网红经纪及供应链服务，帮助他们在电商变现、广告代理、泛娱乐等领域把商业价值发挥到最大。

• 网红电商运营模式

如涵网红孵化器作用

如涵经过两年度的发展形成了一套比较完善的网红孵化机制。首先，如涵会在社交平台上利用数据分析（如粉丝数等），快速定位自己想要签约的网红。签约成功后，如涵公司会采用自己独特的"流水线"模式打造网红，对网红或潜在网红进行培训，通过后才能留下来继续。然后需要对网红进行定位和形象设定，为其设计从电商、广告代言到游戏、综艺、影视等泛娱乐领域整体营销方案，快速提升网红人气和粉丝数。同时，如涵在内容策划、营销推广、形象公关、粉丝维护等方面帮助网红。最后，如涵接管网红淘宝店铺，为其进行装修、运营、客服等管理，让网红直接变现。

网红电商优劣点

网红电商在最近两年新起，除了前面讲到的模式的优化，还有很多优秀之处值得传统产业学习，例如：

1）如涵毛利率达到 43.5%，在业内屈指可数，京东和亚马逊的毛利率水平分别为 13.4% 和 33.0%。

2）建立柔性供应链模式，大大减少了库存。预售和大数据分析预测对销量预测非常精准，让工厂按销量生产，甚至按照粉丝个性进行优化生产，从而真正实现个性化定制。当传统服装公司的不良库存率为 15–18%时，如涵的全年不良库存率为 2–3%。如涵一直表示在学习 Zara 的成功模式，库存周转快且供应链响应速度快。

　　网红电商劣势就是虽然省去了购买流量的费用，但是需要花费大量金钱和精力去打造和维护网红，在如涵的销售费用中，广告宣传费和红人服务费占据主要支出。同时在网红质量和管控上有一定的不确定性，这成为公司健康成长的风险之一。为了降低相关风险，如涵与网红的合作形式多样，深浅不一。例如，第一网红张大奕就与如涵合资成立大奕电商，如涵控股51%，让彼此利益捆绑在一起。

　　如涵实际上是一个从网红孵化，到电商运营，到生产工厂的一个全产业链的模式。在淘宝生态里，流量不是店铺自己的，最后就是拼运营，越拼越难，越拼越贵。网红自带粉丝，自带流量，粉丝看重的不是这个商品的价格，而是商品中传递着网红的品味或生活状态，这是粉丝们购买的理由，也是网红电商和传统电商的巨大区别之一。

2.6 网红电商经济效应分析

　　网红电商对产业链有了很重要的改进，其一缩短了产业链环节，其二改变了商业实现模式；其三帮助了品牌精准定位与引流。

　　在传统品牌产业链中，从产品设计到订单产生总共需要7个环节；互联网品牌产业链中，让品牌可以不经过批发经营，直接接触到购买客户，缩短了1个环节；网红品牌产业链中，进一步去掉仓库，大大提高了资金

运转效率。其次，在传统的产业链中，这是典型的 B2C（Business-to-Customer，从企业到客户）模式，也就是企业先不知产品销量多少，提前直接大规模生产，这种模式最大的问题就是可能造成大量的库存。而网红品牌产业链，从客户需求出发，有了订单之后才进行生产，这样几乎不会产生库存了，这种模式就是典型的 C2B（Customer-to-Business，从客户到企业）。C2B 以客户为核心，缩短中间环节，降低成本，提供实惠给客户，并可进行个性化与定制化生产，实现柔性供应链管理。

网红的出现是对营销的巨大颠覆，尤其是品牌营销。在获取客户方面，网红品牌优势更加明显。网红在社交平台上自带精准粉丝，对网红及其生活方式非常认可，所以网红推出自己品牌或产品时，粉丝很容易变成客户，而且这些客户粘性好，复购率高，这可以大大减少品牌推广费用。在传统或互联网品牌运作时，不知道精准粉丝在哪里，只能采取广告大规模轰炸的方式，利用漏斗效应，获取部分精准用户，这种方法非常浪费物力人力，同时复购率也没有精准粉丝高。如果品牌初期建立，利用网红做品牌代言人，更加有利于品牌健康发展，因为网红粉丝对品牌的接受程度高，并会给予更多好的建议，在良性的循环中不断改进，最终让品牌形成自己独特的风格。

随着中国经济发展，年轻一代更加的个性化，他们也会更加喜欢品牌个性化、小众化，网红品牌及 C2B 模式正是迎合了这种发展趋势，将会展露巨大的机会和广阔的前景。

3．MCN 公司如何助力打造实力 IP

3.1 网红为什么应该选择 MCN 公司合作

在传统的娱乐业中，做的最好的经纪公司有滚石国际、英皇娱乐、华谊兄弟、天娱传媒等，这些造星公司有一套非常完整的艺人打造体系，从艺人的甄选、培训、演艺、宣传、商业变现等全方位服务。

相比艺人而言，大多数网红的成长都是由其个人经营发展而来，等到了有一定量的粉丝之后，网红主动找网红经纪公司合作，或者相反。当然，网红经纪公司也会通过自己的筛选方法来直接挑选素人进行培养，但是这往往需要符合一定的条件，如演艺型网红需要唱歌、跳舞的专长，电商网红需要良好的卖货能力。

网红经纪公司是网红事业发展的助推器，是网红产业链里核心环节，它把网红成长模式由"自发式"变成批量生产模式，让网红成长有规可循。从网红定位，到策划、制作、审核、分发、营销、运营、变现及投资各个环节，专业的MCN公司可以为网红提供大量的帮助。所以，网红最好与网红经纪公司合作，因为：

1）快速学习成为网红的方法

一般网红经纪公司招募到准网红后，都会经过严格训练，教网红从外表打扮、才艺表演，到平台使用、拍照修图、视频制作或直播以及粉丝互动等技巧。如果网红自己摸索这些基本方法，浪费很多时间，且不一定有较好效果。

2）获得推广及流量支持

网红经纪公司为了让准网红快速成长，一般会对扶持的网红进行推广，或者和流量平台合作进行重点推荐。同时，经纪公司会和流量平台合作，可以帮助做内容分发及推荐热门等。这样准网红可以很快获得更多关注，甚至公司会要求前辈网红带新入网红，例如微博转发支持，并手把手传递经验。

3）更易参加商业合作

网红经纪公司和广告主、品牌商等公司有着紧密的合作，所以更容易帮助网红获取商业演出机会，也就帮助了网红进行曝光，并让网红增加收入。

4）帮助数据化运营

网红自己运营中往往都比较感性，而经纪公司会根据平台大数据，甚至自己开发网红运营情况的数据分析工具，追踪每个网红的工作情况、粉丝互动和变现转化等。

5）供应链支持

网红想通过电商变现必须面临供应链问题，而其复杂度不是一个网红可以操作的，包括原材料、工艺、品质、物流、退换货、运营和客服等环节，任何一个环节处理不好，都可能引起致命问题。

6）较大资金投入

在互联网里获取粉丝是需要成本的，以一个真实粉丝 5~10 元计算，要获取百万粉丝至少需要投入 500 万元以上。经纪公司为了快速帮助网红成长，会投入一定的资金帮助网红吸粉。这样网红可以更加专注于内容创作、创意策划和粉丝互动等自己有特长的方面。

3.2 网红经纪公司如何打造网红

网红的打造是网红经纪公司的核心工作和竞争力，网红走红有偶然因素也有必然因素。网红成长的路径主要有三种类型：

1）网红自发成长

一般这种网红源于自己对某方面的内容（例如美妆、母婴、健身等）

特别感兴趣，自己在某个社交平台（例如微博、微信公众号、秒拍、美拍等）发布相关内容，日积月累，逐渐沉淀了粉丝，慢慢成为该领域的 KOL（Key Opinion Leader）。这是大部分内容型网红的成长路径，特点是投资少，依赖于自我行为，需要极强坚持精神和网感（对哪些内容会引起粉丝喜好的一种感觉），一般一个网红从 0 粉丝成长到 10 万粉丝需要 3-5 年。

2）网红孵化成长

若自己想做网红，寻找孵化公司合作，进行专业培训，然后输出内容，并进行推广，获取粉丝。这种方式至少需要 3 个月专业训练，但可以将粉丝成长从 3 年以上缩短到 1 年，甚至更短。

3）病毒事件成长

这种网红成长的方式最快，例如 2015 年微博网红 Noaaah 利用神经病妆容，快速从只有数千粉丝增长到 20 多万粉丝，立即从路人变成了网红。这种成长速度很快，但是事件引爆策划比较难，并且聚拢粉丝之后需要不断地进行内容输出和互动进行维护。

随着社交平台成熟以及充分竞争，网红自发或病毒事件成长的机会越来越少，通过网红经纪公司进行网红孵化成长的方式变得越来越成熟，成为网红的主要生产地和供给方。

网红经纪公司打造网红的模式主要包括六大部分，具体如下：

1）招募

寻找具有成为网红潜力的素人或签约现有合适网红。可以通过相关互联网平台或举办比赛活动等形式进行招募。

2）培训

经纪公司建立一套标准的培训体系，对网红或准网红进行系统化培训，提升网红综合能力。课程包括：提供美妆护肤与穿衣搭配课程、摄影和摄像课程、直播实战课程、视频拍摄剪辑课程、社交平台运营课程、网红礼仪、网红定位与研究、网红推广与营销、网红粉丝维护等。

3）内容创作力

网红和明星最大的区别是以内容不断输出来维护粉丝，而不是靠偶像派来聚拢粉丝，所以网红需要不断输出内容。经纪公司教授内容策划和内容创作相关课程，让网红迅速创造符合自己调性且易于传播的内容。

4）才艺学习

网红由于经常需要进行才艺表演，经纪公司为了增强网红此方面能力，会开设专门课程进行培训，如唱歌、跳舞等，而且是长期进行的训练。

5）粉丝增长

在网红初级阶段粉丝增长是最为关键的，经纪公司把制作好的内容，在各个流量平台进行分发并且获得平台热门或推荐，从而增加网红的曝光率，获取更多的流量和粉丝。

6）商业变现

当网红粉丝达到 10 万以上真粉后，可以慢慢开始考虑变现。现在主要的变现方式有：卖广告、卖服务和卖货，前两者比较容易操作，只需要经纪公司可以接到项目，然而卖货是比较有潜力的变现方式，但是它的操作难度更大，需要经纪公司有电商运营及供应链整合能力，并且建立根据粉丝快速反应的柔性供应链系统。

3.3 社交平台培养网红能力差别

网红与素人最重要的区别就是网红具有大量的忠实粉丝，所以粉丝的获取成为网红成长中最重要的追求目标。社交平台的关注功能让内容发布者（网红）与内容追随者（粉丝）建立了强关系，所以拥有关注功能的社交平台都具有诞生网红的能力。中国的社交平台非常丰富，从 PC 时代的天涯、豆瓣、贴吧等，发展到知乎、果壳等，再到微博、微信，然后到现在的千聊、分答以及各种直播平台，都具有在内容分发的同时带有社交属性，都可以产生各种网红。

·基础平台：微信、微博、陌陌、今日头条等；

·视频平台：快手、美拍、秒拍、优酷、土豆、腾讯视频、爱奇艺、搜狐视频、乐视视频、B 站、A 站、火山等；

·直播平台：一直播、映客、花椒、斗鱼、龙珠、熊猫 TV、YY、虎牙、六间房、KK 唱响、战旗 TV、全民、9158、繁星、么么等；

·音频平台：喜马拉雅、蜻蜓、考拉、荔枝、唱吧、千聊、分答、得到等；

·图文平台：微信公众号、知乎、果壳、贴吧、天涯、豆瓣等；

·垂直社区：海外购物社区小红书、母婴社区妈妈帮、美妆时尚社区想美等。

在上面列出的任何一个平台中，内容创作者通过不断分享优质内容，都可以大量获取粉丝，最终成为网红。网红对互联网平台的选择率反映出现在各种平台对网红的孵化能力，微博以"开放式"及"扩散性好"的特点成为网红成长最佳平台。

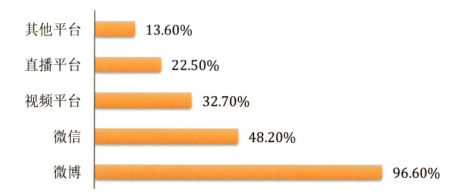

·网红对各大互联网平台的选择率

如果作为准网红，选择合适自己成长的社交平台是最重要的。在选择平台时，准网红需要确定自己的定位及自身特点。例如自己视频制作能力强，具有很好的创意能力，无疑选择视频平台最合适；若自己写作能力强，且具有专业知识输出能力，选择微信公众号或知乎等平台是很合适的。如果准网红开始不知道自己适合的平台，在初期，可以试验各种平台，然后深耕一个最适合自己的平台。当然，对于已经有团队或经纪公司支持的情况，完全可以进行全渠道运营，尽量在不同平台发布自己的内容。鉴于变现转化，网红最终需要把粉丝聚拢到一个或两个平台，现在较好的做法是全部导入到微信公众号或微博。

3.4 MCN 公司用大数据助力个人 IP

网红在成长和变现过程中，学习数据化运营非常重要。大部分流量平台如微博等都提供相当丰富的数据报告，它们从不同维度反映了网红账号的运营情况。一般来说，网红对于大数据分析报告不能深刻地理解，如有MCN 公司支持，经过专业运营人员进行分析，可以大大提高个人 IP 的运营效率。比如，通过用户浏览数或关键词的搜索，可以构建用户喜欢的内容；通过分析粉丝的用户画像，可以帮助推出适合粉丝的产品，做到帮助粉丝的同时提高变现能力。

例如，在淘宝的网红店运营过程中，可以在后台分析销售和转化情况。当有新品将推出，网红会在微博中发文或发视频预告，透过分析粉丝的点击、互动等大数据，便可预测销量，再由制造工厂为网红进行备料生产，预售期最长不过 5 天。高效率的产销一条龙大幅降低了库存压力，同时也排除生产与发货赶不上消费者采购速度的问题。此外，凭借着电商后台的大数据分析功能，销售后台能实时了解消费者的喜好。例如，由哪张图片导入了较多流量，哪个品项有较高的购买率，洞察流量进入商店后的使用者行为以及购买的转化情况，让网红依据客观的数据做出恰当的运营决策，也能在对外宣传时更加精准地定位，优化效果。

成功的网红店不能只靠流量，精细化的数据分析是关键。相对于传统成衣供应链需要提前一年进行布料材质设计，产能的排期，提前6个月举办服装发布会，发布会后再大量生产；新型态的网红店则缩短供应链周期至2周，能做到每月1-2次新装上架，每次10-30款新设计供消费者选购，而顾客的采购意向也不须等到时装发布会才水落石出，而是透过持续的粉丝或社群互动随时累积数据并实时分析，从而调整发给工厂的订单数量。

3.5 个人IP如何升级为平台公司

网红在互联网平台上成长起来后，需要慢慢考虑变现的问题，打造成熟的个人IP是变现的一种方式，如制作具有IP属性的视频，通过广告变现；或者是推出自己品牌的产品，通过卖产品来变现。不过，这些变现方式普遍比较难规模化，对于希望获得资本的支持是不利的。为了更大的发展，个人IP可以升级为MCN或平台型公司，从依赖于一个人的产出，变成一群人产出，这样发展空间更大，更具有想象力，是获得资本支持的重要看点。其中，最为成功的案例就是罗辑思维，它最开始由主持人罗振宇的自媒体开始，到现在已经完成B轮融资估值超过13亿。罗辑思维通过视频脱口秀及微信公众号的持续输出60秒音频获得大量的粉丝，形成了个人IP，建立了一个成功的自媒体品牌。然后开始建设知识社群，从开放粉丝投稿，到建设和运营微信群，形成知识社区，同时探索了社群电商与社群经济。2016年5月，罗辑思维推出"得到"APP，从依赖于罗振宇个人到汇聚各路大咖进行知识分享，形成了一个移动互联网平台，这无疑大大增加了罗辑思维的估值。

所以，个人IP升级为平台型公司最重要的是构建一个为同类型IP服务的平台，这个平台打造成为同类型IP和用户之间的桥梁，解决一个领域的同类型问题。这种升级对个人IP发展来说是巨大的机会，同时具有重大的挑战。平台的构建和运营与自媒体的运营完全不一样，需要不断突破个人 IP 的极限，这点时尚网红 IP 成长可以给予很多参考价值。

4. 时尚网红 IP 成长案例分析

在国内外 IP 成长案例中，一直以来时尚网红最受关注。这和两个因素有关，第一、时尚网红作为 KOL，对粉丝的影响力最深；第二、时尚网红变现能力强，不管是广告还是电商，都让他们赚得盆满钵满。全球时尚网红中，最能赚钱的要数美国的 Michelle Phan 了，韩国美妆天后 Pony 在亚洲的影响力也是名列前茅；而我国时尚网红在电商方面的优异表现，让张大奕、雪梨和谢梦等名字传遍全国。

4.1 全球美妆界泰斗 Michelle Phan

从 2007 年发布第一个美妆视频至今，短短 10 年间，Michelle Phan（米歇尔·潘）从一个默默无闻的亚裔小女生，到知名的美妆达人，再到成功的女性企业家。她创建的商业版图中包含化妆品订购服务公司 IPSY、美妆品牌 EM Machelle Phan、FAWM 女性电视频道、她的首本自传、基于社交媒体的唱片公司 Shift Music Group，并发布了一个涉及时尚、个人护理和美妆等领域的视频内容网络 ICON。

Michelle 于 1987 年出生的越南裔美国人，父母都是越南人，她家境贫寒，父亲在工地工作，且输光了家产后离家出走，留下母女相依为命。母亲开了一家美甲沙龙，Michelle 从小就在这里长大，并很小就开始在甲套上画画，这让她爱上艺术。尽管母亲希望她长大后能够做体面的工作如医生，但她坚持选择了艺术。她后来回顾时说道"艺术救了我"，本来在求学的时候，她特别孤独，甚至一直很迷茫，但是她爱画各种素描和人物，同学们开始叫她"艺术女生"，使她感到自己被认同，心中逐渐自信起来。

Michelle 从 15 岁开始写博客，并描述她的理想生活：拥有很多钱，

并能够有很多时间去尝试各种不同的打扮和妆容。2007 年，在自己的博客发现朋友希望学习怎么画日常妆，于是，她制作了第一支七分钟美妆视频发布在 YouTube 上，一周之后点击量超过了 4 万次，这个惊人的点击量让她很吃惊，因此她固定频率，不断制作和更新化妆视频，并由此走上美妆 KOL 之路。

刚开始 Michelle 仅仅把拍摄化妆视频作为自己的爱好，利用闲暇时间在家里拍摄一些简单的化妆教程，帮助大家学习化妆和解决化妆中的问题，如怎样让睫毛根根分明，怎么画戴眼镜妆等。Michelle 推出的视频每次都是不同主题，她把自己在画画上的天赋和美妆结合起来，让美妆充满艺术感，喜爱她的粉丝越来越多。

2009 年，Michelle 辞掉了寿司店的工作，开始全职做视频。很多美妆网红都是从兼职，积累到了一定量粉丝，甚至有了一定的变现基础之后，才把做美妆网红当做自己的专职事业。正是这年，她的事业有了质的飞跃。趁着 Lady Gaga 风靡全球推出了"如何画 Lady Gaga 的眼睛"，这支视频点击量超过百万。

2010 年兰蔻公司在请专业化妆师拍摄视频点击量惨淡情况下，找到了 Michelle 成为其网络代言人。随着互联网迅速发展，2011 年和 2012 年，Michelle 在网络上人气爆棚，成为爱美人士都知道的美妆网红。于是，Michelle 在 2012 年创立了 IPSY，一个按月订购化妆品小样的平台。对于消费者来说，通过网站的调查，他们可以买到适合自己肤质和气质的化妆品，同时花钱也不多，其中包含 5 款美妆产品的试用装，售价 10 美元。而对于商家来说，通过 IPSY 的小样出售，可以让其掌握消费者的数据，包括年龄、肤质、喜好、城市分布、购买力等。如今，IPSY 的团队已拥有 300 多人和 150 万订阅用户，年销售额超过 10 亿元人民币。2015 年 IPSY 完成 1 亿美元的 B 轮融资，并一直在盈利中。

2013 年 Michelle 联合欧莱雅推出自己的品牌 EM Michelle Phan 化妆品系列，取名为"我的映像"（"Reflection Of Me"）。2014 年，与兰登书屋推出了一本自传：《化妆：让你更美，更时尚和更成功的生活指南》。2015 年初，27 岁就拥有四家公司和 1.5 亿美元财富的登上 2015 年"福布斯 30 岁以下精英榜"。时间没有停步，Michelle 还在不断前进。

Michelle 的 IPSY 公司在洛杉矶拥有一个新平台 Open Studio ，聚集了 1 万多名美妆内容生产者，他们还可以得到一对一的指导，并利用平台提供的工作空间、数码工具制作和编辑美妆资讯。Open Studio 对每个渴望成为网红的人开放，每个人每天拥有 3 个小时免费使用这个空间的权利。Michelle 希望借此培养更多美妆网红，并和大家建立朋友关系。

截止今日，Michelle Phan 的 YouTube 粉丝数 880 万，视频数 123 个；Instagram 粉丝数 217 万，成为名副其实的全球顶级美妆网红，同时也是全世界美妆网红心中膜拜的对象。Michelle Phan 这样超级网红 IP 成长的故事带给我们的启示：

1）任何人都可以成为某个专业领域的网红，并取得成功，但是必须坚持 10 年，成为专家的专家；

2）网红需要不断拓宽自己的天花板，才能获得更大的成功，比如她创办自己的公司，推出自己的品牌；

3）开放心态，和更多网红合作，和产业链合作，实现合作共赢，比如她创立 Open Studio 帮助很多想成为时尚网红的人实现愿望。

4.2 韩国美妆天后 Pony 成长档案

韩国资深美妆达人 Pony 是亚洲美妆网红 No.1，她在 YouTube 拥有粉丝数 231 万，多部化妆书籍作者，2NE1 队长 CL 的彩妆师，同时拥有个人彩妆品牌 PONY EFFECT。

Pony 原名朴惠敏，1989 年出生于韩国，身材只有 157CM 的她脸蛋很精致，从一个平凡女孩通过努力不断成长，最后成为大家知晓的美妆达人。读书时期的她从钻研美容杂志开始自学成才，后凭着漂亮的自拍照在韩国社交平台收获了不俗的人气，成为韩国第一代网红。2008 年，Pony 开始经营的个人美妆博客。后陆续出了四本彩妆书《PONY 四季美妆物

语》、《PONY 的特别彩妆书》、《PONY 热集美妆蜜语》和《ony's 深邃 4D 百变妆》等。

　　Pony 成为韩国最会化妆的妹子是靠实力打拼出来的。她超高的化妆技术令人折服，尤其是明星仿妆，除了先前仿过很多韩国艺人的妆容，大家可能觉得不会太难，但后续 Pony 陆续化身为美国小天后 Taylor Swift，气场十足范爷范冰冰、欧美网红 Kylie Jenner 等，让大家为之惊艳。

　　2015 年，Pony 与韩国美妆电商 MEMEBOX 合作开发了一系列的彩妆单品，正式推出个人自主彩妆品牌 Pony Effect。2016 年 3 月，Pony 开通微博账号，仅仅一天获得 50 多万粉丝关注，截止 2017 年 5 月，Pony 的微博已经收获 405 万粉丝，并开通了淘宝店销售韩国化妆品。

　　Pony 成功之路给我们的启示有：

　　1）技术好＋明星仿妆。Pony 精湛的化妆技术在惟妙惟肖的明星仿妆中得到淋漓尽致地表现。由于明星具有超高人气和粉丝效应，迅速得到大家关注和传播。

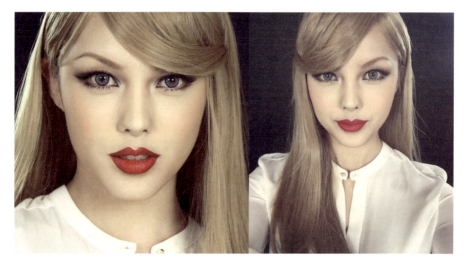

• 美国小天后 Taylor Swift 仿妆

• 范冰冰仿妆

• 欧美网红 Kylie Jenner 仿妆

　　2) 努力 + 高水准内容。Pony 从 2008 年到现在一直保持高水准高频率输出化妆内容与个人美妆生活。从最早的图文教程，到后来的视频创作，再到美妆书籍撰写，样样看到她的专心致志，以及才华横溢。

3) 个人 IP 化 + 品牌。Pony 积累了足够多粉丝后，同时结合自己对美妆产品的深度理解，推出了自己的品牌 Pony Effect，现在已经受到很多粉丝的拥趸，尤其是美妆达人们的必备神器之一。

国外时尚网红起步早，并且变现模式多样化，品牌公司对网红的作用和认知也更加深刻。随着移动互联网的迅速发展，我国时尚网红赖以生存的平台（如微博、美拍、一直播或淘宝等）越来越完善，变现模式逐渐丰富，时尚网红质量和数量都在倍增。谈到时尚网红必定要谈到的一个大 IP 就是张大奕，她微博粉丝 519 万，在淘宝拥有黄金淘宝店铺"吾欢喜的衣橱"，年销售达到 3 亿元，成为名副其实的电商第一网红，她的收入和影响力已经超过一线明星。

今年 6 月微博举行的超级红人节里，时尚网红张沫凡超越张大奕获得"最具商业价值红人"第一名称号。她个性率真，不端不装，一直坚持输出各种时尚美妆专业知识，让她在微博上获取了 653 万粉丝。张沫凡和其他网红不一样的是从开始她就不遗余力的宣传自己是一位创业者，她创造了自己的护肤品品牌。91 年出生的她，现在已经创业好几年了，并且有一个 60 多人的企业，她不仅仅是网红，还是 CEO。她没有高挑的身材，没有极致的容貌，但是通过努力并不断野蛮生长，从一个丑小鸭变成了白天鹅，成为了年轻网红的励志偶像。

从去年开始，中国移动互联网进入直播大风口，正在催生着更多的网红诞生。电商直播成为消费级直播的典范，成长快且收益多。2016 年 11 月才进入淘宝做主播的雪欧尼（原名田雪），在短短半年中获得 150 万粉丝，月收入已超 200 万元。主播的快速成长当然离不开在背后主播 MCN 机构的支持，它们不断发掘好的苗子，并培养成网红，帮助网红进行商业转化。网红和 MCN 之间如鱼得水，互相成就，结合实际为中国网红产业摸索出一条独特之路。

图书在版编目（ＣＩＰ）数据

你就是下一个超级IP : 成为内容网红的实操秘笈 /
方宇锋主编. -- 上海 : 文汇出版社, 2017.12
ISBN 978-7-5496-2175-0

Ⅰ.①你… Ⅱ.①方… Ⅲ.①网络营销 Ⅳ.
①F713.365.2

中国版本图书馆CIP数据核字(2017)第164392号

你就是下一个超级IP

主编 / 方宇锋

责任编辑 / 刘　刚

装帧设计 / 张　晋

出版发行 / 文匯出版社(上海市威海路755号　邮编200041)

印刷装订 / 上海丽佳制版印刷有限公司

版次 / 2017年12月第1版

印次 / 2017年12月第1次印刷

开本 / 720×1000　1 / 16

字数 / 100千

印张 / 12.75

ISBN　978-7-5496-2175-0

定价 / 58.00元